출발!
함께 합시다

지방선거 여성후보 전략서

의정 2020-10
여성의정 정치학교 II

출발!
함께 합시다

지방선거 여성후보 전략서

차례

책을 펴내며 … 6

선거 출마를 결정했다면 … 9

　　기획 선거는 전략이다 … 15

　　조직 가까운 곳부터 챙겨라 … 49

　　홍보 미리미리 준비하라 … 77

　　부록 … 113

　　　　부록 1. 선거 시기별 공직선거법 주요 제한·금지사항 … 114

　　　　부록 2. 말로 하는 선거운동 관련 공직선거법 운용기준 … 119

　　　　부록 3. 자원봉사자 운영 매뉴얼 … 124

　　　　부록 4. 제8회 전국동시지방선거 주요일정 … 132

이 책에 선거관련법(공직 선거법, 지방자치법, 정치자금법 등)은 2020년 12월을 기준으로 수록되었습니다.

책을 펴내며

2022년 6월 1일, 제8회 전국동시지방선거를 앞두고 있습니다.

한국여성의정은 여성의 정치적 대표성 확대를 위해 여성정치 환경 개선을 위한 법제도를 정비하고, 여성의정 정치학교를 통해 선거를 준비하는 차세대 여성정치인을 발굴·양성하고 있습니다.

한국여성의정은 이번 지방선거를 준비하는 여성 후보자들을 위해 여성의정 정치학교 교재Ⅰ-Ⅲ를 발간합니다. 이번에 발간된 여성의정 정치학교 Ⅱ권 『출발! 함께 합시다』는 정치학교 기본과정 수료 후 선거 출마를 결정한 예비 여성후보자들의 전문과정 교재로 활용할 수 있도록 하였습니다.

『출발! 함께 합시다』는 선거를 준비하는 여성 후보자가 유권자에게 효과적으로 자신을 알리는 선거 전략을 수립하고 홍보하는데 필요한 내용을 『알아두면 쓸모있는 新선거 이야기』를 바탕으로 정치 선배들의 사례와 함께 담았습니다. 기획, 조직, 홍보 분야별로 현 기초·광역의원, 지방자치단체장, 국회의원들의 경험과 조언을 담은 생생한 사례는 선거를 준비하는 후보자들에게 길잡이가 될 것입니다. 이 책이 나오기 까지 수고해주신 이영순 편찬위원장과 특히 자료를 모으고 정리해 집필해주신 전문위원 김유화 박사에게 고마운 마음을 전합니다.

앞으로도 한국여성의정은 여성정치인의 디딤돌이자 신호등 역할을 할 수 있도록 지혜와 능력을 모을 것입니다.

'세상을 바꾸는 정치! 정치를 바꾸는 여성!
그 중심은 바로 나!'
여러분이 있습니다.

지방선거 출마를 결정한 여성 정치인들의 진심과 노력이 당선으로 이어지기를 응원합니다.

2020. 12.

한국여성의정 상임대표

신 명

선거 출마를 결정했다면

• **자신의 출마이유를 명확하게 하라.**

후보자가 만나는 상대 누구에게든지 내가 왜 출마했는지, 왜 당선되어야 하는지를 자신있게 설명할 수 있어야 유권자를 설득할 수 있다.

• **가장 가까운 가족을 설득하라.**

선거 과정에서는 후보자 본인 뿐 아니라 가족들이 수많은 비난과 유언비어 등에 노출되어 고통을 받게 되는 경우가 많다. 누구보다 가족의 지지를 먼저 받아야 한다. 선거를 함께 하는 가족의 모습은 유권자들에게 긍정적인 이미지를 준다.

• **선거자금 계획을 세우라.**

선거관리위원회에서 공고하는 선거비용 제한액, 선기비용 보존 등에 관해 숙지해야 한다. 후보자의 자산, 차입금, 정당의 지원금, 후원금 등 활용할 수 있는 금액을 알아보고 예산을 짜본다. 정치자금법 개정으로 기초·광역의원들도 일정부분 후원금을 지원받을 수 있다.

• **차근차근 예비홍보물을 준비하라**

예비후보자가 되면 명함 한 장에 담을 수 없는 '나는 누구인가, 왜 출마했는가, 정책 공약이 무엇인가'를 8P 홍보물에는 충분히 기재할 수 있다. 그러나 예비홍보물은 이후에 선거 공보를 발송하면 되니까 대략적으로 제시해도 되는 것으로 오해하는 경우가 있다. 정치신인의 경우 예비 홍보물은 인지도 제고 및 선거 이슈 선점에 큰 도움이 되므로 잘 준비해야 한다. 예비홍보물은 선거구 세대수의 1/10 이내에서 보낼 수 있다. 관할 시, 군, 구청에서 교부받은 세대주 명단으로 보내지 않아도 되고, 한꺼번에 보내지 않아도 된다. 지금부터 지지자 주소를 모으는 것이 중요하다.

제8회 전국동시지방선거일은 2022년 6월 1일이다.
예비후보자 등록 신청일은 광역단체장과 교육감 후보는 2월 1일, 시장·구청장·시의원·구의원 후보는 2월 18일, 군수, 군의원 후보는 3월 20일부터이다.

예비후보자의 선거운동 방법

구분	세부 사항
선거사무소 (법 제61조)	• 사무소 수: 1개소 • 간판·현판·현수막 첩부: 수량 제한 없음
선거사무관계자 (법 제62조)	• 선거사무장·사무원: 광역단체장(5명), 기초단체장(3명), 지방의원(2명) • 회계책임자: 각 1인

예비후보자 명함
(법 제60조의 3)
	• 규격: 9×5 cm 이내
	• 명함을 배포할 수 있는 자
	  -예비후보자와 수행원 1인
	  -후보자의 배우자와 직계존비속, 후보자와 함께 다니는 선거사무관계자

예비후보자 홍보물 (법 제60조의 3)	• 종수: 1종 • 수량: 세대수의 1/10 이내 • 면수: 8면 이내 • 자치단체장선거의 경우: 표지를 포함한 전체 면수의 1/2 이상의 면수에 선거공약 및 이에 대한 추진 계획으로 각 사업목표·우선순위·이행절차·이행기간·재원조달방안을 게재하여야 하며, 이를 게재한 면에는 다른 정당이나 후보자가 되려는 자에 관한 사항은 게재할 수 없음
예비후보자 공약집 (법 제60조의 4) 단체장선거의 경우	• 종수: 1종(도서의 형태로 제작) • 규격 및 면수, 작성 수량: 제한 없음 • 예비후보자 홍보에 관한 사항은 전체 면수의 1/10 이내로 게재할 수 있고, 다른 정당이나 후보자가 되려는 자에 관한 사항은 게재할 수 없음
전화(법 제60조의 3)	• 예비후보자: 전화를 이용한 지지·호소 가능
어깨띠·표지 (법 제60조의 3)	• 예비후보자: '어깨띠' 나 '표지'를 부착하고 선거운동 가능
문자메시지 (법 제59조)	• 상시적으로 가능. 단, 자동동보통신 방법은 8회 이내에서 후보자와 예비후보자만 가능
전자우편· 홈페이지·블로그 (법 제59조)	• 시기: 상시적으로 선거운동 가능 • 방법: 입후보 예정자 홍보에 필요한 사항 • 유의사항: 학력은 반드시 '정규 학력과 이에 준하는 외국의 교육과정 이수학력'만 게재

무엇을 해야 하나

기획 - 선거는 전략이다

출마 준비를 하는 지금부터 예비후보로 등록하기 전까지 날짜를 역산하여 무엇을 준비할 것인지 기획한다. 자신을 객관화하고, 상대 후보의 약점과 비교한 나의 강점을 찾는다. 나는 누구이고, 왜 출마했으며, 무엇을 할 수 있는지 정리한다. 경쟁력과 인지도, 정당지지도 등 선거지형 분석, 생활불편 요소와 민원, 지역구 비전 등 지역의 이슈 파악, 후보 선호도, 투표 기준 등 선거콘셉트 도출을 위해 여론조사를 하고 선거전략을 수립한다.

구체적으로 득표 목표를 정하고, 이를 달성할 수 있는 캠페인 방향, 슬로건 확정, 구전 홍보 방안을 찾는 것이 선거 전략이다. 이를 문서화한 선거 전략서 작성이 빠르고 정확할수록 과학적인 선거운동을 할 수 있다.

조직 - 가까운 곳부터 챙겨라

핵심 참모 조직을 우선적으로 구축한다. 역할에 따라 선거경험과 정치역량이 풍부한 사람, 추진력과 리더십이 있는 사람, 실무를 잘 할 사람 등으로 구성한다. 자원봉사자 조직을 꾸리고, 지역 현안을 중심으로 한 이슈 조직을 찾는다. 기본적인 자료들을 수집한다. 유권자 통계, 당원, 지역내 유력인사, 유권자 등의 DB를 정리한다. 홍보물 및 전자우편 발송의 타깃층을 분명히 하고 이들의 명단을 확보하는 노력이 필요하다.

예비후보자로 등록되면 세대주 명단을 시, 군, 구청에 신청할 수 있고 세대수 1/10 이내에서 예비홍보물을 보낼 수 있다.

홍보 - 미리 미리 준비하라

홍보를 위하여 언론 기고 및 인터뷰, 보도자료 배포, 인상적인 명함 교부와 명함 받기, 출판기념회, 선거사무소 개소식 등을 통해 후보자의 인지도와 선호도를 최대한 높인다. 정책 설문조사를 통해 자신만의 독특한 공약과 매니페스토를 준비한다. 페이스북, 트위터, 인스타그램, 블로그 등 SNS를 활용하여 상시적 선거운동이 가능한 인터넷 공간을 잘 활용한다.

1단계에서 실행하는 기획·홍보·조직 활동의 목표는 2단계 예비후보 등록 이후에 합법적으로 보장된 선거운동을 잘 준비하기 위해서이다. 준비 정도에 따라 예비후보자 등록 이후 활발한 선거운동을 할 수 있다. 그만큼 당선 문턱에 가까이 다가선 것이다.

기획

―

선거는 전략이다

선거구도가 당락을 좌우한다.

선거는 구도와의 싸움이다. 여기에서 말하는 선거구도란 출마 지역구에서 선거를 둘러싼 정치 환경과 출마자 경쟁 상황 등을 말한다. 호남 지역에서 국민의 힘 후보의 당선이 어렵고, 영남 지역에서 더불어 민주당 후보의 당선이 기적인 것처럼 지역구의 정당 지지도가 가장 큰 경쟁력을 가진다. 지역 구도는 타파 되어야 마땅하지만 엄연한 현실이기도 하다.

비교적 정당 지지도가 경합지역인 수도권에서는 해당 지역구의 정당지지층의 결집도와 충성도가 당락을 좌우한다. 정당 지지도와 충성도가 비슷한 경우에는 해당 선거구가 양자 대결인가, 다자 대결인가에 따라 선거 결과가 좌우된다. 후보자가 누구와 경쟁하느냐이다. 구도가 차지하는 비중은 전체 선거에서 60% 이상을 차지할 정도로 압도적이며, 후보자 개인이 넘기 어려운 벽이다. 그러나 선거구도를 유리하게 만들 수 있는 것도 후보자이다.

선거에서 구도가 얼마나 중요한지를 가장 극명하게 보여준 사례는 1987년 대선 당시 민주정의당 노태우 후보의 승리이다. 6·10 항쟁의 뜨거운 민주화 열망에도 불구하고 노태우 후보가 불과 36%의 지지로 대통령에 당선될 수 있었던 가장 큰 이유는 지지 기반이 중복되는 평화민주당 김대중 후보와 통일민주당 김영삼 후보의 분열 구도 때문이라고 평가된다.

후보의 경쟁력과 캠페인 효과

구도가 다소 불리하더라도 후보자의 자질과 능력이 뛰어나다면 당선 가능성은 높다.

인물에 대한 캠페인에 따라서 인물의 진면목을 부각시킬 수 있고, 인물이 부각되면 이길 수 있는 선거구도로 바뀔 수도 있다.

정치양극화가 심했던 제21대 총선에서는 경기도 고양시 덕양(갑)에 출마한 정의당 후보 심상정이 여당인 더불어 민주당과 미래통합당 후보들과의 3파전 끝에 진보정당 의원으로는 유일하게 당선되어 4선 의원의 고지에 올랐다. 민생당에서 후보를 내지 않아 민주당과 정의당이 표가 나눠져 미래통합당 후보가 승리할 수도 있다는 예측이 있었다. 여론 조사에서는 민주당 지지층이 진보당 보다 거의 3배 이상 높게 나타나는 지역임에도 유권자들이 후보를 보고 선택했다고 응답했다.

지난 6.13 지방선거에서는 47명의 시의원 중 유일한 부산시 더불어 민주당 비례대표의원이었던 정명희 후보가 부산 북구청장에 당선되면서 보수 텃밭이자 '서부산권 격전지'로 여겨지던 북구에서 3선에 도전한 상대 후보를 이기고 당선됐다.

이처럼 구도가 다소 불리하다고 해서 미리 포기할 필요는 없다. 선거의 변수는 항상 있기 마련이다. 중요한 것은 불리한 구도에도 불구하고 어떤 방식으로 후보자의 경쟁력을 높여 유권자에게 다가가느냐이다.

캠페인은 효율적인 선거운동이다

　선거에서 유리한 정치 구도와 후보자의 경쟁력을 단기간에 만드는 것은 어려운 일이다. 하지만 선거 캠페인은 구도나 후보자의 경쟁력과 상관없이 법 테두리 내에서 마음껏 펼칠 수 있다. 일반적으로 캠페인이 선거 결과에 미치는 효과는 실제 득표의 5~10%라고 한다. 효율적이고 과학적인 선거 캠페인으로 얻을 수 있는 득표 효과는 실제 선거에서 승부를 가름하는 결정적 요인이 된다. 선거캠페인은 후보자가 선거에서 승리하기 위해 유권자에게 메시지를 전달하고 설득해 가는 과정이다. 후보자의 능력과 자질을 나타내는 캠페인을 통해 마음을 움직일 수도 있다. 자신의 강점을 효과적으로 알려 경쟁자에게 가는 유권자를 막을 수도 있다. 나아가 지지 세력을 확보하게 되는 것이다.

　다시 말해 뛰어난 선거 캠페인이 승리를 만들 수 있다. 그러나 다른 정치인에게 성공한 캠페인이 누구에게나 맞는 정답은 아니다. 캠페인은 후보자, 선거구 상황, 유권자 성향, 정당 등 다양한 변수에 따라 영향을 받는다. 자신에게 맞는 캠페인을 발굴해 설득 가능성이 높은 유권자, 지지 가능성이 높은 유권자에게 전달해야 효과적이다. 선거는 작은 것에서 출발해 큰 것을 이루는 일이라는 점을 명심하자. 기본에 충실하고 최선을 다하라. 한 표가 모여서 결국 승리를 만들어 내는 것이 선거이다.

　역대 지방선거에서는 단 한 표차로 승부가 결판난 경우도 있었으며, 득표수가 같았지만 연장자 우선 적용으로 당선된 경우도 있었다. 2018년 6·13지방선거에서 강원도 평창군수 당선자는 현직 군수를 꺾었다.

 기획

여론조사에서도 치열한 접전이 예상되었는데, 단 24표차로 희비가 엇갈렸다. 전남 여수시 라선거구에 출마한 후보는 재검표까지 가는 접전 끝에 5표차로 당선이 확정되었다. 최근 2020년 치러진 총선에서 최소 득표차 당선자는 인천 동·미추홀을에 출마한 윤상현 무소속 당선자였다. 3자 대결 끝에 171표 차이로 당선됐는데, 득표율 차이는 0.1포인트였다.

   선거에서 천국과 지옥은 단 한 표 차이임을 명심해야 한다. 오늘 내가 만나는 유권자 한 명이 바로 당선을 만드는 주인공이라는 사실을 되새기자.

여성 후보에게 투표 이유

한국여성의정에서 실시한 '왜? 여성 후보에게 투표하는가?'에 대한 설문조사 결과 여성들의 장점이라고 할 수 있는 도덕적이고 깨끗한 정치, 약자보호, 차별해소 앞장, 성실한 의정활동이 꼽혔다. 여성 후보자가 출마하면 유권자들은 여성 정치인의 이러한 점들을 눈여겨 본다. 평소의 삶에서 나아가 선거운동과정에서 여성 후보자의 장점이 잘 들어날 수 있도록 활동하여야 한다.

Q. 여성 후보에게 투표하려는 이유는 무엇입니까?

도덕적이고 깨끗한 정치 27.0% > 약자 보호, 차별 해소 앞장 22.4%

> 성실한 의정활동 20.4% > 적극적 지역 민원 해결 11.5%

> 정치/경제/사회 개혁의지 높음 8.1% > 정치적 능력 뛰어남 3.6%

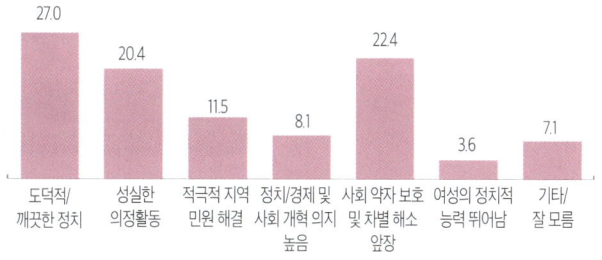

(출처) 제2차 여성정치참여확대 국민의식 조사 결과보고서(2020)

기획 | 선거는 전략이다

캠페인을 활용한 선거 필승 전략

| 백혜련(수원을 국회의원) |

2020년 총선이 코로나19로 인해 전례없는 상황에서 치러지면서, 비대면 캠페인은 필수가 되었다. '나의 메시지를 어떻게 전달할 것인가'를 고민한 끝에 가장 효율성 높은 채널인 SNS와 유튜브를 선거운동 매체로 선택했다.

불특정 계층의 유권자를 온라인에서 간접적으로 만나야 하는 만큼, 다양한 유권자의 관심을 끌 수 있으면서도 누구나 쉽게 알 수 있는 메시지를 담는 캠페인을 발굴하는 것이 관건이었다.

- '생애 첫 투표는 소중해' 캠페인

만 18세 유권자의 탄생을 맞이하여 '디지털 네이티브' 세대의 특성에 맞게 카카오톡 형식을 빌려 투표를 독려하는 카드 뉴스를 제작하고, SNS로 배포했다.

- '쉬운 정치, 즐거운 정치' 캠페인

유권자들에게 친근하고 즐겁게 다가가기 위해 유머러스한 영상, B급 감성을 섞은 포스터 등을 두루 활용했다. 의정 활동의 핵심 정보를 전달할 뿐 아니라, 정치는 어렵고 정치인은 권위적이라는 편견을 타파할 수 있었다.

- **'지역 사무실은 열린 사랑방' 캠페인**

비대면 온라인 선거운동으로 인해 자칫 부족해질 수 있는 스킨십을 보충할 방안이 필요했다. 이에 선거운동 당시의 방역 기준을 준수하면서도 유권자와 소통할 수 있는 소규모 모임을 가지는 캠페인을 펼쳤다.

코로나19 상황뿐 아니라 디지털 온라인 시대의 선거운동은 달라야 한다. '비대면으로 어떻게 유권자와 교감하고 소통할 것인가'를 치열하게 고민해야 한다. 온라인의 빠른 전파력을 적극 활용한 선거 캠페인에 주목할 때이다.

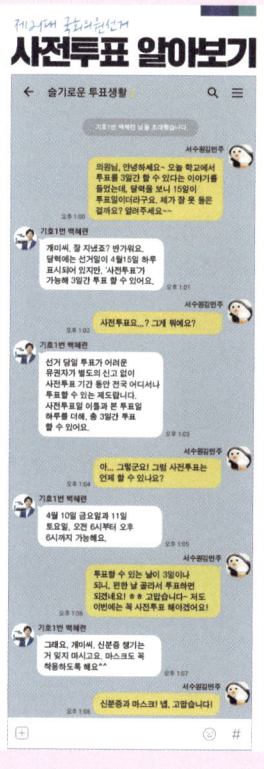

만18세 유권자 간담회

기획 | 선거는 전략이다

주민들 내편 만들기

| 이보라미 (전남도의원) |

전남도의원 후보로 출마한다고 할 때 대부분의 주민들과 당원들은 우려의 목소리를 먼저 냈다. "도의원은 당을 보고 찍는다. 민주당 텃밭에서 정의당으로는 불가능하다."는 반응이었다. 더구나 도의원 지역구는 네 개의 면이 확대되었고 정의당에게 취약한 농촌으로 이루어져 매우 불리한 조건이었다. 거기에 학연, 지연, 혈연이 전혀 없고 민주당 태풍까지 불어오니 정말 최악의 조건이었다.

상대 후보보다 나은 점은 군의원 재선의 의정활동 속에서 인지도와 신뢰를 쌓아 놓았다는 것 정도였던 것 같다. 이런 상황에서 무엇으로 이길 것인가. 정의당 당원들과 머리를 맞대었다. 그리고 선거 전략을 짰다.

첫째, 나의 단점과 장점을 파악하자. 당원들이 보는 나의 단점을 듣기 힘들더라도 가감없이 쏟아 놓고 그에 대한 대비책을 세운다. 다음으로는 듣기 좋은 나의 장점들을 쏟아 놓고 잘 살릴 수 있는 방법들을 찾는다.

둘째, 논두렁 밭두렁을 다니며 한 사람이라도 만나자. 선거철이 농번기인 탓에 대부분의 주민들이 논과 밭에 계신 관계로 단 한 사람을 만나지만 그 정성과 노력이 회자되면 지지로 연결된다.

셋째, 지역활동을 꾸준히 하자. '돌쇠봉사회' 라는 노동자 봉사회와 함께 한 달에 한번씩 마을로 찾아가 소형 농기계 수리, 칼갈이, 용접, 머리 염색 등을 하며 주민들과의 접촉면을 넓혀 갔다. 2014년 도의원에 도전하여 실패하였으나 돌쇠 봉사회 활동은 꾸준히 하였는데 주민들 사이에선 "떨어지고도 봉사활동을 다니더라"는 말이 돌면서 지지로 연결되었던 것 같다.

넷째, 진심을 전달하자. 악수를 하는 짧은 순간이라도 나의 진심을 전달할 수 있도록 노력해야 한다. 주민들은 귀신같이 진심을 알아차린다.

"선거에 뛰고자 하는 많은 여성 후보님, 자신감을 갖고 자신의 단점을 고쳐가며 장점을 최대한 살리고 진심을 전달하기 위해 노력하라. 그러면 주민들은 내 편이 된다."

잘 잡은 메시지가 당락을 좌우한다

선거운동이란 유권자들에게 '후보는 누구인가, 그의 원칙은 무엇인가, 그리고 목표와 비전은 무엇인가'를 효과적으로 알리는 것이다. 그러기 위해서 후보자와 참모들은 아래의 질문에 명확하게 답변할 수 있어야 한다.

(1) WHO(누구인가) - 출신, 연령, 학력, 경력, 업적, 자산, 평판 등
(2) WHY(왜 나왔는가) - 출마의 명분
(3) FOR WHAT(공약) - 무엇을 해줄 수 있는가

위의 질문에 대해 분명하게 규정하는 것이 선거 전략 수립의 첫 출발이다. 후보는 누구를 만나든지 자신이 누구이며 왜 출마했는지, 무엇을 해줄 수 있는지를 분명하게 밝혀야 유권자를 설득할 수 있다.

나의 가장 큰 강점과 상대의 약점을 누를 수 있는 이유(유권자가 다른 후보가 아닌 당신을 찍어야 할 이유), 그것이 바로 메시지이다. 그리고 그 메시지는 누구나 이해할 수 있는 가장 쉬운 말로 단순화시켜야 한다. 또한 확정된 메시지를 반복적이고 지속적으로 말해야 한다. 메시지는 지역 유권자의 정서와 요구에 부합해야 한다. 후보가 선거라는 전쟁에서 싸우기 위해 가장 필요한 무기는 바로 구호, 즉 메시지인 것이다. 선거는 메시지 싸움이다.

출마 이유를 간결하고 분명하게 정리하는 것이 선거의 첫 출발이다. 출마 지역에 대한 충분한 이해가 전제되어야 한다.

선거 전략은 현재 선거 상황에 대한 철저한 분석에서부터 시작한다. 주체적 요인이라 할 수 있는 나와 상대 후보의 비교·분석, 객관적 요인인 선거구의 상황에 대한 분석이 우선되어야 한다.

많은 후보들이 메시지를 수시로 변경하는 우를 범한다. 사람들의 이런 저런 말에 휩쓸려 하루는 이 메시지, 또 하루는 저 메시지를 그때그때의 상황에 따라 남발하고 만다. 가장 실패하는 메시지가 바로 이처럼 통일되지 않은 '많은 말'이다. 메시지는 일관성을 가져야 하며 단일화되어야 한다.

이때 메시지는 셋보다는 둘이 좋고 둘보다는 하나가 좋다. 선거에서 많은 말은 오히려 독이 된다는 사실을 명심하라. 첫째도 반복, 둘째도 반복, 셋째도 반복이다. 주위에서 "저 사람은 왜 같은 말만 되풀이 하지?"라는 평가가 들려온다면 당신의 메시지가 성공하고 있다는 증거이다. 정치언어는 반복이다.

기획 | 선거는 전략이다

지역을 아는 메시지의 힘

| 김미경(서울시 은평구청장) |

지역에 기초한 선거메시지는 지역민들과 강한 유대를 만드는 기초이다. 나의 경우 초등학교 시절 은평구에 전학을 와서 은평구에서 성장하고 정치생활을 시작했다. 덕분에 지역의 현안과 정서를 잘 알게 되었다.

그래서 2018년 지방선거 은평구청장 후보로 나선 나의 첫 번째 공약은 '주민의 생각을 담겠습니다' 였다. 은평구는 다른 어느 지역보다 시민의 사회참여가 활발하고 지역행정도 참여예산제와 같은 민관협치에 많이 열려 있는 곳이다. 이러한 시민의 힘을 수용하고 행정에 반영해야 한다고 생각했다.

또한 메인슬로건은 '내일을 일으키는 힘'으로 잡았다. 내일(tomorrow), 내 일(my job), 레일(rail) 등 세 가지 의미를 동시에 고려한 것이다. 구 행정부의 리더로서 내일의 비전을 제시하고, 일자리 창출을 통해 안정적인 구민생활을 지원하겠다는 약속을 전달할 뿐 아니라, 역사 속에서 철도교통의 요충지였던 은평구가 다시금 사통팔달 교통요지로 발전하도록 하겠다는 뜻이 담겨있다.

지역에 대한 경험과 지식이 녹아든 메시지가 공약과 슬로건 등을 통해 전달될 때 지역유권자들과 후보가 공통의 기반이 마련되고 소통할 수 있는 출발점이 만들어진다. 지역선거에 출마하는 후보가 메시지를 구상할 때 반드시 생각해 볼 부분이다.

기획 | 선거는 전략이다

목적을 분명히

| 안종숙(서울시 서초구의원) |

2010년 제6대 서초구의회 비례대표 의원으로 의정활동을 시작한 이후 민주당 절대 열세지역이라 할 수 있는 '서초'에서 연달아 3선에 성공했다. 특히 2014년 제7회 전국동시지방선거에서 <검증된 살림꾼 '이웃집 구의원'>이란 캐치프레이즈로 서초구·강남구의 13개 기초의원 선거구에서 가장 높은 45.5%의 득표율로 당선됐다.

2018년 제8회 전국동시지방선거에서는 <내게 힘이되는 '이웃집 구의원'>으로 강남 3구(서초구·강남구·송파구) 통틀어 55.7%의 최고 득표율을 획득했다. 그리고 서초구의회 개원 이래 최초로 민주당 소속, 최초 여성 의장이 되었다.

선거 캐치프레이즈에서 알 수 있듯이 항상 주민 곁에서 친근한 '이웃집 구의원'이 되겠다는 초심과 본분을 간직한 채 주민과의 약속은 무슨 일이 있어도 지키고자 했다. 복지, 교육, 교통, 환경, 육아 등 주민의 실제적인 삶과 직결된 공약은 반드시 실천하고 신뢰를 쌓았다. 특히 '우문현답' 우리들의 문제는 현장에 답이 있다는 금언을 신조로 삼고 민원 현장, 주민모임에는 가장 먼저 달려가 문제 해결을 위해 밤낮없이 뛰었다.

지난 2012년 내곡중학교 설립 계획 철회로 주민들이 실의에 빠졌을 때도 당시 사전입주자 인터넷 카페 문을 두드려 주민들의 이야기를 누구보다 먼저 들었고, '서초구 내곡중학교 신설 약속이행 촉구 대책위원회' 위원장을 맡아 주민들의 뜻과 힘을 모았다. 내곡중학교 개교'(2018년 3월)는 주민과 함께 이뤄낸 가장 보람된 의정활동이었다.

항상 누군가에게 버팀목이 되는 삶, 억울하고 소외된 이웃의 힘이 되고자 했다. "일 하나 똑 부러진다. 항상 우리 곁에 있구나!" 주민들께 이런 말씀을 들을 때마다 새 힘이 솟았다. 결국 꾸준함과 진심만이 주민의 마음을 움직인다.

'이웃집 찾아가듯 언제든 만날 수 있는 구의원'이 되고자 한다면 이미 절반은 성공한 셈이다.

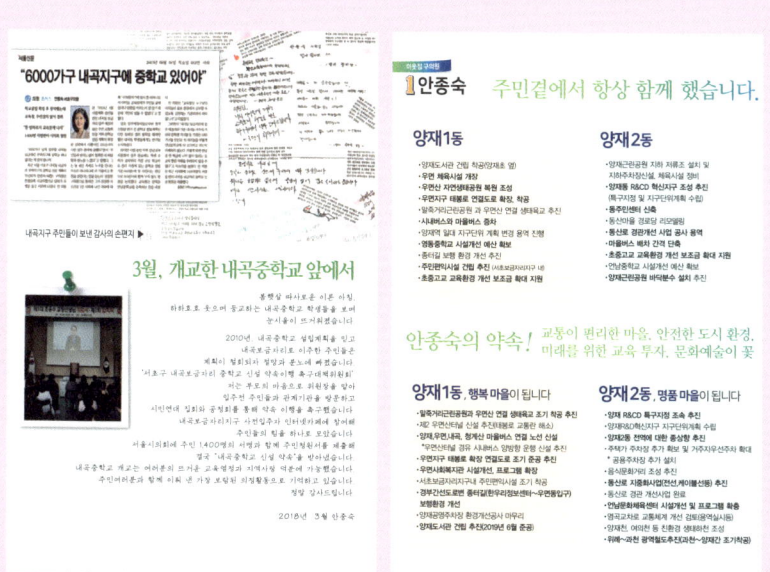

 기획

누구에게 표를 얻을 것인가?

만약 예상 투표율이 60%이고, 1:1 양자 구도라면 유권자 10명 중 3명만 확실하게 나를 지지해도 이길 수 있다는 공식이 성립된다. 10명 중 6명만 투표하는 상황에서 그중 3명만 잡으면 득표율이 50%이기 때문이다. 후보자가 전체 유권자를 대상으로 경쟁 후보에 비해 차별적인 우위를 유지한다는 것은 사실상 불가능하다. 유권자의 세분화를 통해 자신에게 특별한 전략을 기획해야 한다. 선거 승리를 위한 한계 표차를 확보할 수 있는 표적집단을 잘 선정해야 하는 것이다. 선정된 표적 집단에 캠페인과 조직과 자원의 모든 에너지를 집중시키는 것이 선거운동의 핵심이다. 선거운동에서 가장 기본적이고 확실한 전략은 자신의 지지층을 확실하게 지키면서 부동층을 적극 공략하는 일이다. 이 원칙을 기반으로 표적 집단을 선정해야 하며, 표적 집단은 지역·연령·계층으로 나누어 세분화해야 한다.

한 선거구에서 2~4명을 뽑는 기초의원의 경우 투표율이 50%라면 득표율이 15~25%면 무난히 당선될 수 있다. 유권자 10명 중 5명이 투표하고, 그 중 한 명만 나를 찍으면 득표율이 20%이다. 10명 중에서 1명만 확실하게 나를 찍으면 당선된다. 그러나 대부분의 후보자들은 9명을 쫓아다니다가 1명마저 놓친다. 행사장만 쫓아다니지 말고, 지금부터 1명을 찾아라. 준비된 후보라면 예비후보 등록 이후에도 길거리에서 명함을 뿌릴 필요가 없다. 열 명 중 한 명만 잡는 것이 선거 목표가 되면 캠페인도 단순하고 명확해진다.

선거일을 기준으로 18세가 되는 고등학교 3학년도 선거권자

제8회 전국동시지방선거에서 선거권을 갖는 유권자는 2022년 6월 1일까지 만 18세가 되는 사람이다. 즉, 2004년 6월 2일 이전 출생자(6월 2일 포함)는 투표에 참여할 수 있다.

그러나 선거일 현재 만 18세가 되는 학생은 선거권을 갖지만, 선거운동 가능 연령은 행위 시로 산정하므로 선거운동을 하는 때에 18세 미만인 자는 선거운동을 할 수 없다. 정당 가입도 입당 시점에 18세 이상이 되어야 한다.

• (예비)후보자의 선거운동

학교 운동장에서 (예비)후보자의 명함을 배부하거나 지지호소 또는 공직선거법 제79조의 공개장소 연설·대담을 하는 것을 제한하는 규정은 없다. 다만, 학교관리자의 의사에 반하여 선거운동을 하는 것까지 공직선거법에서 보장되는 것은 아니다.

• 선거권 확대 관련 (예비)후보자가 할 수 있는 사례 예시

- 학교 내 명함 배부 및 지지 호소
- 학교 내 공개장소에서의 연설과 대담
- 입학식, 졸업식 등 학교의 각종 행사에 참석하여 의례적인 악수나 인사를 하는 행위

출처: 중앙선거관리위원회 보도자료(2020.1.28.)

 기획

SWOT 분석

강점, Strength

후보마다 자기만의 강점이 있다. 이것이 득표로 직결되는 경우도 있고, 유권자와 만날 때 그들에게 자연스럽게 나를 각인시킬 수도 있다. 다른 후보와 비교해서 자신만의 강점을 분석하고 승리로 이르게 하는 방법을 모색해본다.

약점, Weakness

자기에 대한 분석을 철저히 하다 보면 약점도 발견된다. 이에 대한 사전 방어책을 마련하고 상대 후보가 지적하는 경우 즉각적으로 역공을 취할 수 있는 준비가 필요하다.

기회, Opportunity

선거는 후보 본인의 역량뿐만 아니라 지역 민심의 흐름이나 중앙 정세 등에 따라 당락이 좌우되는 경우가 많다. 각종 최적 변수를 활용하여 선거에서의 승리 가능성을 점검한다.

위협, Threat

후보의 사정은 본인이 누구보다 더 잘 알고 있다. 위기로 작용할 수 있는 요소들을 파악하여 그 영향을 최소화할 수 있는 방안들을 미리 모색한다.

강점과 약점은 후보가 갖고 있는 내부 요인이고 기회와 위협은 후보를 둘러싼 외부 요인이다. 이것을 가지고 자신과 경쟁 후보를 출신 지역, 연령, 학력, 주요 경력이나 업적, 메시지 등으로 구분하여 분석해 본다. 중앙이나 지역 언론에 보도된 사례, 지난 선거의 홍보물, 선거구 여론 주도층 평판, 반대자 평판, 속기록 등의 자료를 수집하면 된다. 이 분석표를 통해 경쟁후보와의 비교 우위를 알아보고, 이것이 지역 유권자의 정서와 요구에 맞는지 비교해야 한다. 자신의 비교 우위는 출신 지역이 될 수도 있고 나이가 될 수도 있다. 하지만 대부분은 주요 경력과 주요 업적이 그 사람의 인물 경쟁력을 좌우한다. 지역 여론 조사에서 유권자들이 가장 관심을 갖는 현안이 '지역 경제 활성화'라고 가정할 때 '경제 전문가이면서 성공한 CEO 출신' 후보라면 상당한 비교 우위에 설 수 있을 것이다. 또 그 지역의 최대 이슈가 교육 문제라면, '교육 문제에 대한 전문성과 경륜'이 후보 경쟁력의 핵심이 될 수 있다.

선거 캠페인에는 나의 강점을 알리는 포지티브 캠페인을 펼칠 때도 있고 상대의 약점을 알리는 네거티브 캠페인을 활용할 때도 있다.

 기획

나의 SWOT 작성하기

선거 참모들은 후보를 최대한 객관적으로 평가해 분석해야 한다.

Strength 강점	Weakness 약점
젊다. 깨끗한 여성후보 시민단체 활동 경력 시민운동을 기반으로 할 인맥 연고자가 많다 유세, 말하기, 토론에 강함	낮은 인지도 지역연고 부족 지역조직 기반 없음 어려워보이는 인상 경륜 부족

Opportunity 기회	Threat 위협
변화에 대한 요구 지역특성(아파트 밀집 젊은 유권자가 많음. 합리적 객관적 판단특성 등) 후보 배우자의 사회운동 경력과 인맥	토박이 현의원(2선)의 지역내 조직기반 안정 지향적인 지역 성향 당지지도가 낮음

상대 후보 SWOT 작성하기

상대 후보에 대한 객관적인 정보를 수집해 후보자와 경쟁력을 분석하는 자료로 사용한다.

Strength 강점	Weakness 약점
Opportunity 기회	Threat 위협

| 기획 | 선거는 전략이다

꿈을 꿔라 그리고 경쟁력을 갖춰라

| 홍진옥(충주시의원) |

대학에서 예비 보육교사들을 가르치고 있던 나는 저출산시대를 맞이해 보육(유아교육)이 점점 중요해짐을 알고 있었다. 지자체 단체장과 지방의회 의원들을 만나서 시대의 흐름에 걸맞는 보육정책에 대해 여러 가지 제안을 했지만 늘 실망뿐이었다. 보육에 대한 무지에서 비롯된 것이라는 것을 알게 되었고, 내가 직접 의원이 되어서 방법을 강구해 보겠다고 생각했다. 그러나 정치와는 아무런 연고가 없던 나는 막연했다. 지방의회에도 비례대표제도가 도입된다면 "첫 번째로 진출하여 아동·여성·장애인 등 사회적 약자들의 대변자가 되리라!" 꿈같은 소망을 갖게 되었고, 소망은 점점 강력한 내적 동기를 품게 되었다. 그러던 어느 날, 의회 근처에 갔는데 의회 안에서 일하고 있는 내 모습의 환상을 보았다. 나는 꼭 그곳에 있어야만 될 것 같은 확신마저 들었다.

불과 얼마 후, 기초의회에 비례대표제도가 도입(2006년)되었다. 나는 꿈처럼 첫 번째로 비례대표 의원이 되었다. 내 기도가 이루어졌으며, 환상이 정말 현실이 되었다. 지역에 연고도 약하고 가족도 아무도 없지만 나는 지금 4선 의원으로 일하고 있다.

나를 이끌어온 힘은 끊임없이 실력과 능력을 쌓아온 결과이며, 초심의 마음 그대로 사회적 약자들을 우선 배려하는 의정 활동이다. 또한 여성의 섬세함과 깨끗함, 신뢰를 바탕으로 온갖 정치적 풍파에도 이리저리 휩쓸리지 않고 의연하게 대처해온 덕분이다.

우리 동네 제대로 알기

후보자가 자신이 출마할 선거구를 제대로 아는 것은 매우 중요한 일이다. 본격적으로 선거운동이 시작되기 전부터 출마할 선거구를 돌아다녀보아야 한다. 주민들과의 만남을 통해 자신의 얼굴을 알릴 수도 있고 주민의 애로 사항은 무엇인지, 또 숙원사업과 지역의 비전은 무엇인지 생생하게 체험할 수 있다. 이러한 경험은 지역을 위해서 일할 수 있다는 점을 설득력 있게 제시할 때 잠재적 기반이 된다. 또한 지역을 이해하는 방법으로는 선거구 지도 활용, 문헌 조사, 시방의회 방청, 현장방문, 여론조사, 투표구 분석 등이 있다.

선거구를 확실하게 파악하기 위해서는 선거구 전체를 한눈에 바라볼 수 있는 지도가 필요하다. 특히 세부 지역별 지도에서는 번지수, 동과 투표구의 경계 및 중요 장소(학교, 관공 서, 아파트, 사거리 등 유동 인구가 많은 곳, 공장, 교회, 공원, 버스 정류장, 약수터 등)를 한눈에 볼 수 있어야 한다. 지도를 바탕으로 주요 방문지의 동선을 결정하고 본선 유세 일정 등을 미리 짜두는 것이 좋다. 지도는 선거 상황을 신속하고 정확하게 파악하고 정리하는데 매우 필요하다. 그리고 지금부터라도 그 지도에 매일 자신의 활동 상황을 기록하라. 예를 들어 오늘 하루 10명의 유권자를 만났다면 그들의 주소지에 표시한다. 이렇게 100일 동안 꾸준히 기록한다면 이론상 1,000명을 만난 셈이 된다. 그리고 만나는 사람들을 효율적으로 관리하기 위한 데이터베이스 구축도 반드시 필요하다.

지역 언론도 챙긴다

정책 준비를 위해서 무엇을 어떻게 할 것인가? 우선 자치단체에서 만드는 홍보 내용을 잘 살펴봐야 한다. 대부분의 자치단체에서 운영하는 시 홈페이지와 정기적으로 발송하는 지역 사정에 대한 뉴스레터나 지역 신문과 방송을 참고하면 좋다. 시민 신문이나 시민 뉴스라는 다양한 형태들도 있으니 알아두어야 한다. 특히 대부분 지역마다 케이블 TV가 있어 그 지역 뉴스를 방영하므로 케이블 TV도 시간을 내서 봐야 한다.

그리고 현재 지역 내에서 이슈가 되는 일들이 무엇인지 알아야 주민들의 애로 사항을 이해할 수 있다. 뉴스만 들어서 감이 잡히지 않는다면 지역의원들에게 자문해도 되고, 아는 공무원을 찾아가 지역 이슈의 핵심이 무엇이며 어떻게 진행되고 해결 방안으로 무엇을 해야 하는지 파고드는 것도 방법이다. 그렇게 해야 자신만의 정책이 개발되고 만들어진다. 살아 있는 지역 정책은 막연한 상상만으로 그려지지 않는다. 시간을 투자하여 준비하고 노력해야 한다. 또한 시·도에서 나오는 신문 하나는 지속적으로 읽어야 한다. 중앙지는 지역 기사를 잘 다루지 않기 때문이다. 일부러 시간을 내서 읽지 않으면 지역에서 무슨 일이 벌어지고 있는지 알 수가 없다.

정책을 개발할 때는 광역단체장, 기초단체장, 광역의원, 기초의원 등이 할 수 있는 정책의 범위를 파악해야 한다.

 기획

선거매니페스토(elect manifesto)란?

선거는 민주주의의 꽃이다. 정당과 후보자의 가치와 철학, 정책대안들을 지역주민 스스로 선택하는 과정이다. 선거매니페스토는 혜택은 늘리고 부담은 줄이겠다는 표를 얻기 위한 거짓말, 무엇이든 다 해주겠다는 백화점식 나열 공약 등을 응징하는 운동이다. 돈, 혈연, 학연, 지연에 의한 선거를 탈피하여 구체적인 정책비전으로 경쟁을 유도하기 위함이다.

매니페스토 작성에 정답은 없으나 실효성이 높고 실천 가능하도록 구체석으로 제시해 유권자의 신뢰를 얻도록 한다.

예) '아이 낳고 기르기 좋은 동네를 위해 육아 탁아방을 만들겠습니다.'
- 추진위원회를 언제까지 구성
- 공청회를 몇 번 개최
- 장소 선정 및 시설 설립 방법
- 예산 소요액 및 예산 확보 방법

 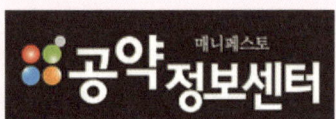

한국매니페스토실천본부 http://manifesto.or.kr

품을 많이 팔아야 한다

머리품, 발품, 손품을 많이 팔아야 한다.

서류 검토를 주로 하는 문헌 조사에 비해 생생한 현장 조사를 할 수 있는 곳이 지방의회다. 의회에서 다루어진 안건과 처리 과정을 살펴보면 지역주민의 요구와 지역 현안을 파악하는 데 큰 도움이 된다. 지방의회에서 진행·처리되는 모든 회의 자료는 특별한 경우를 제외하고는 법적으로 모두 공개하도록 되어 있다. 지방의회 홈페이지에서 열람하거나 〈의정백서〉나 회의(의정) 운영보고서 등을 참고하면 이해하기 쉽다.

또한 지방의회에서 제정한 조례도 지방의회의 운영과 지역행정 등을 파악하기 위한 기초 자료로 살펴보아야 한다. 여성후보의 장점인 육아보육, 교육, 쓰레기, 환경 문제 등 생활 이슈를 통해 지역민과 공감대를 형성한다. 특히 여성폭력, 경력단절 등 지역의 여성관련 현안은 무엇인지 파악해 정책 개발을 한다.

의회 회의 과정을 직접 방청하는 것이 도움이 되는데 이제는 직접 가지 않아도 온라인으로 회의하는 모습을 볼 수 있다. 대다수의 의회가 본 회의뿐 아니라 상임위원회의까지 온라인으로 생중계하고 홈페이지에 공개하고 있다. 지역 시민단체인 '의정감시단'에 가입해 함께 방청한 후 소감이나 문제점을 자신의 블로그 등을 통해 정리하고 지역 신문 등에 기고한다면 후보의 인지도와 선호도를 높이는 효과를 거둘 수 있다. 특히 도전자라면 경쟁자인 현직 단체장 및 지방의원의 발언록을 집중적으로 연구해 상대방의 장·단점을 분석하고 자신만의 대안을 마련해야 한다.

 **기획**

전국여성지방의원네트워크
「6.13 지방선거 10가지 약속, 여성지방의원들은 꼭 지키겠습니다.」

1. 안전한 먹거리를 만들어 나겠습니다.
- 학교급식에서 GMO 표시제품 제외 및 방사능 안전급식 지원
- 친환경 농산물을 사용하고 재료로 활용
- GMO 완전표시제 촉구

2. 미세먼지 대응책을 체계적으로 준비하겠습니다.
- 전기자동차 지원 확대
- 취약계층이 미세먼지에 방치되지 않도록 지원책 마련
- 어린이·청소년 시설 내 공기청정기 도입

3. 저출산 해결을 위해 미취학 아동 엄마의 근무시간 단축을 공공부문부터 시작하겠습니다.
- 일하며 아이 키우기 행복한 우리 마을
- 워킹맘에게도 아이를 직접 돌볼 수 있는 권리 확보
- 일과 가정의 양립 시스템 구축

4. 우리 동네 육아나눔터를 설치하겠습니다.
- 엄마들의 소통공간과 아이들의 안전한 놀이 공간
- 공동육아로 엄마들의 행복지수 상승
- 공공 인프라와 운영 지원으로 비용부담 감소

5. 감정노동자의 눈물을 닦아주겠습니다.
- 감정노동자의 권리 보장 및 구제
- 감정노동자 보호 및 건전한 근로 문화 조성
- 노동자의 삶의 질 향상

6. 문화에서 소외되는 주민이 없도록 하겠습니다.
- 문화소외지역 지원 조례 제정 및 정책사업 활성화
- 다문화 가정이 한국문화를 향유할 수 있는 기회 확대
- 청소년 학교문화예술 지원을 통한 자유학기제 효과증대

7. 여성일자리 창출에 앞장서겠습니다.
- 마을 공동체 활성화를 통한 여성일자리 구축
- 경력단절여성 맞춤형 일자리 발굴
- 여성일자리 창출을 위한 프로그램 개발 지원

8. 청년에게 관심을 갖고 일자리 확대를 위한 인프라를 구축하겠습니다.
- 관내의 대학, 기업, 센터 연계를 통한 인프라 확장
- 정기적인 박람회를 통한 일자리 매칭
- 청년고용기업 지원 확대

9. 노인 자살률을 낮추고 독거노인 고독사를 방지하겠습니다.
- 빈곤층 노인을 위한 숙식제공 및 질병발생 방지를 위한 보건관리
- 마을회관을 경로당으로 활용
- 독거노인 공동 생활체 조성

10. 생애주기별 건강검진 지원 등 주민들의 건강을 한번 더 생각하겠습니다.
- 취약계층 예방접종 무료시행 확대
- 심폐소생술 교육 의무화
- 생애주기별 건강검진 지원

'전국여성지방의원네트워크'는 정당을 초월한 전국의 광역·기초 여성 지방의원들의 연대모임으로 각 지역의 다양하고 앞선 정책을 서로 나누고 지역에 새롭게 적용시키며 생활정치, 평등정치, 맑은정치를 뿌리내리기 위해 노력해오고 있다.

기획 | 선거는 전략이다

시민이 행복한 1등 신도시를 위해

| 신명순(경기도 김포시의원) |

"1등 신도시, 1등 시의원, 1-가 신명순"
지난 2018년 지방선거 3선에 도전하면서 외쳤던 선거구호다.

선거당시 지역구인 김포한강신도시는 완공단계였으나 기반시설이 턱없이 부족하고, 대중교통 문제, 과대과밀의 학교 문제 등 부족하고 불편한 것이 많은 지역이었다.

신도시 조성 초기부터 신도시에 살면서 의정활동을 해왔기 때문에 문제점과 주민들이 가려워하는 부분이 무엇인지 잘 알고 있었다.

신도시의 기반시설을 점검하며 문제점을 이슈화 시켰고, 지역현안 문제에 대해 발빠른 대안을 제시했다. 신도시에 호수공원을 조성했으나 나무가 크지 않아 그늘이 없다는 민원에는 그늘막을 설치했고, 물을 콘셉트로 한 인공수로에 물 공급이 원활하지 않아 물 없는 수로가 될 위기에 놓이자

팔당원수를 공급할 수 있도록 추진했다. 인구 30만이 넘는 신도시지만 도서관 하나 없는 실정이라 각 지역에 특색 있는 도서관 건립을 공약으로 내세우고 2개의 도서관 건립을 추진하고 있다.

김포시 전체의 문제이자 가장 심각한 민원인 교통과 교육 문제를 해결하기 위해 더불어민주당 지방선거 후보자 전원이 공동공약으로 약속하기도 했다. 신도시내 뿐 아니라 도시와 농촌의 교육 불균형 해소를 위해 혁신교육지구 지정을 추진했으며 교통문제 해결을 위해 마을버스공영제 도입을 추진 중에 있다.

당선 이후 약자의 목소리를 조례에 담고, 시민의 안전을 위해 늘 현장에 있으면서 조금 더 완성된 신도시, 조금 더 안전한 신도시, 시민이 행복한 신도시, 1등 신도시를 만들기 위해 오늘도 열심히 뛴다.

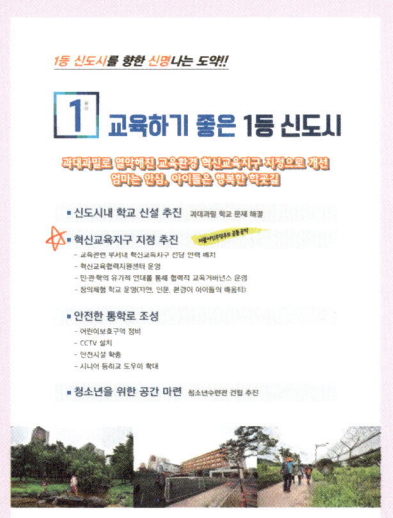
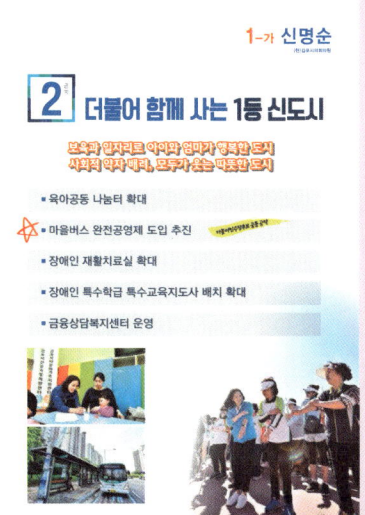

조직

—

가까운 곳부터 챙겨라

선거 조직은 필요하다. 후보의 뜻에 동의해주고, 자문도 해주며, 구전으로 후보를 알려줄 사람들이 필요하다. 그런데 돈은 쓸 수 없다. 선거법을 준수하면서 조직을 구축한다는 것이 쉽지 않다. 현재 선거법상 허용되는 유급사무원의 숫자는 너무 적다. 그렇다면 정말 돈 없이 움직이는 조직을 만드는 일은 불가능할까? 조직에도 발상의 전환이 필요하다. 일단 주변 사람들에게 출마 생각을 알리고 도움을 구하는 것부터 시작한다.

돈 안 들고 표가 되는 이슈 조직

선거 문화가 바뀌었다. 강화된 선거법으로 기부 행위를 하면 제공자는 수사를 받게 되고, 유권자도 기부행위가 제한되는 자로부터 금전, 물품, 음식물 등을 제공받을 경우 최고 3천만 원의 범위에서 10배 이상 50배 이하의 과태료가 부과된다. 이제는 후보자나 유권자 모두 금품이나 향응을 제공하거나 받지 않으려는 풍토가 확산되고 있다. 이에 따라 조직의 패러다임도 바뀌었다. "조직에는 반드시 돈이 들어야 한다"는 기존의 그릇된 틀을 깨지 않으면 변화된 선거 문화에 맞는 조직을 꾸릴 수 없다.

지난 2002년 대선에서 노무현 전 대통령을 탄생시킨 '노사모'를 생각해보자. 본인들이 돈을 걷고, 인터넷으로 소통하며, 전국 방방곡곡을 찾아다니며 노무현을 외쳐댔던 자발적인 지지 조직이다. 노사모는 기존 정당이나 후보가 꾸려왔던 조직과는 완전히 다른, 새로운 조직형태를 갖췄다. 물론 노무현이라는 걸출한 정치인이 있었기에 이러한 지지 조직이 탄생할 수 있었다.

하지만 현실적으로는 지명도가 없는 무명의 후보에게 '아무개를 사랑하는 모임'이 자발적으로 만들어지지는 않는다. 그렇다고 낙담하기는 이르다. 생각을 조금만 바꾸어보면 자발적 조직을 만드는 일이 불가능한 것이 아니다. 지역 현안에 대한 문제를 가지고 모임이 만들어지면 그 모임은 돈을 주지 않아도 자발적으로 모이게 되고, 어떤 모임보다 적극적이고 응집력이 강한 조직으로 발전하게 된다. '아무개를 사랑하는

모임'이 아닌 '○○ 문제 해결을 위한 모임'을 결성하면 돈이 들어간 조직보다도 더욱 강력한 '이슈 조직'이 되고, 이러한 이슈 조직이 '지지 조직'으로 발전할 수도 있다. 이러한 조직은 1인 리더가 모든 것을 좌우하는 기존의 수직적인 선거 조직이 아닌 수평적이고 자발적인 모임이 된다.

돈으로 움직이는 조직은 자율성이 보장되지 않는다. 돈으로 동원된 조직은 일을 시켜야만 움직이는 한계를 가지고 있다. 이에 비해 사건이나 이슈 또는 후보자와 친분에 의해 구성된 조직은 선거운동에서 훨씬 더 큰 자발성과 역동성을 가지고 있다. 여기서 이슈 조직이라고 하는 것은 지역 내에 현안이나 후보를 적극적으로 믿고 따르는 자발적인 조직을 일컫는 말이다.

이슈 조직을 만들기 위해서는 몇 가지 전제 조건이 충족되어야만 한다.

첫째, 대중의 관심사를 정확히 읽어야 한다. 대중의 관심이 없는 사항은 아무리 이슈를 제기해도 유권자의 관심을 끌 수 없다. 예를 들어 학부모들의 관심이 집중되는 교육 문제, 공공이 이용하는 도로 문제, 교통 문제, 공원 문제 등 숙원 사업을 제기하면 누구나 관심을 가지고 참여하지 않겠는가?

둘째, 지역 내에 갈등을 유발시켜서는 안 된다. 지역 내에 이해관계가 얽혀 있는 사안이나 가치 판단에 의해 찬반이 나뉘어 있는 이슈에 대한 발언은 오히려 화를 자초할 수도 있다. 예를 들어 어느 지역에 합법적으로 가스충전소가 들어서게 되었는데, 충전소가 위치하는 주위의 주민들은 불안하기도 하고 집값이 떨어질 것을 걱정해 반대 운동을 한다. 그러나 멀리 떨어져 있는 지역 주민들은 가스 충전소가 있어야 편리하게 이용할 수 있기에 찬성한다. 이렇게 이해관계가 상충되는 것을 이슈로 만들어서는 안 된다. 이런 경우 이슈화보다는 찬반 양측의 갈등을 조정해내는 조정자의 역할을 하는 것이 오히려 낫다.

셋째, 이슈를 확산할 수 있는 장치를 준비해야 한다. 이슈는 확산되지 않으면 사라져 버린다. 대중의 호응 없이는 조직을 만들 수 없다. 오히려 주동자들의 체면만 구기는 결과를 초래한다. 따라서 이슈를 확산시키기 위한 인터넷 네트워크 구축과 대중에게 쉽게 확산될 수 있는 신문이나 방송을 이용할 수 있는 체계를 갖추어야 한다.

넷째, 타깃이 되는 층을 분명히 정하여 이슈를 제기해야 한다. 만약 지역생활 문제가 이슈가 되면 주로 주부들이 대상이 된다. 그러나 정치적인 문제는 주로 남성들이 대상이 될 것이다. 2018년 지방선거에서는 북미 정상회담 관련 이슈가, 제21대 총선에서는 여·야 간 정책 대결보다 코로나19 방역에 대한 정부여당의 정책성과가 주요한 판단 변수가 됐다. 이처럼 큰 이슈에 편승하는 방법도 있지만, 지역 이슈에 적극 참여함으로써 쉽게 조직을 구축하는 사례도 있다.

제6회 지방선거에서 351표차로 낙선했던 설혜영의원은 낙담하지 않고 '용산화상경마장 추방 대책위' 대표로 활동하며 용산화상경마장을 폐쇄했고 아이들의 교육환경을 지켜냈다. 또한 '한남동 시민공원만들기 엄마모임'을 결성해 정책팀장으로 활동했고 지난 6.13 선거에서 다시 구의원으로 당선된 후 한남동 공원을 시립공원화하겠다는 약속을 지켜냈다.

조직 | 가까운 곳부터 챙겨라

한남공원 시립공원화!
시민과 함께 1호 공약을 지켰다.

| 설혜영(서울시 용산구의원) |

2020년은 나에게 특별한 의미가 있는 해였다. 공원일몰제 시한 1개월을 앞두고 한남근린공원이 기사회생했다. 예산확보의 어려움으로 용산구, 서울시에서 포기하려했던 한남공원부지 시립공원화 결정을 이끌어낸 것이다.

8,500평의 공원부지가 미군기지로 미군용 병기정비소로, 미군 주택으로 활용되다가 일몰시한에 걸려 해제될 위기에 놓였고, 그 사이에 대기업이 해당 부지를 매수해 주택사업을 계획하고 있었다. 2017년 말 이 사실을 알게 되자마자 한남동 엄마들과 함께 "한남동 시민공원 만들기 엄마모임"을 결성하고 공원지키기 캠페인에 돌입했다. 공원부지를 지키기 위해 정책팀장으로 활동하며 공원해제를 요구하는 사기업의 소송에 맞서 탄원서 제출 운동을 벌여 소송에서 공원 해제를 막았다. 그리고 지난 선거에서 이 곳이 주민에게 사랑받는 공원이 조성될 수 있도록 주민과 함께 공원 조성 계획을 수립하는데 힘을 모으겠다고 공약했다.

그리고 지역주민, 환경단체, 시민단체와 '한남공원지키기 시민모임'을 만들고 공원

해제를 막기 위한 서명운동, 시의회청원, 국회 기자회견, 트러스트운동, 식목일 나무심기 행사를 추진했다. 땅값 높기로 소문난 한남동의 공원부지 추정예산만 3600억이 필요한 사업이라 계란으로 바위치기라며 많은 사람들이 어렵다고 했지만 결국 간절함이 공원을 지켰다.

도시의 활력은 다양성에서 나온다. 누구나 누릴 수 있는 공간이 그만큼 절실한 곳이 바로 도시다. 공원은 여가 휴식공간이자 누구나 누릴 수 있는 장소로서 큰 의미를 갖는다고 생각한다. 남산과 한강을 잇는 생태축에 있는 공원부지, 용산기지의 역사를 간직한 그곳이 사유화되지 않고 시민들의 공간으로 남게 되어 가슴 벅차다.

지역을 돌아보면 한 아이의 엄마이며 여성으로서 구민들의 실생활에 도움이 될 만한 공약들이 있다.

조직 운영의 관건은 화합

선거기간 중 흔히 볼 수 있는 일이 공조직과 사조직 간의 마찰이다. 서로가 후보를 중간에 두고 견제하는 일이 조직 내부의 균열로 이어지는 경우가 있다. 선거대책본부를 구성할 때는 공조직을 중심으로 하고, 사조직은 보이지 않는 보조적 관계를 취하는 것이 좋다. 공조직이 무력화되면 곧바로 외부에 좋지 않은 소문이 퍼지게 된다. 이럴 경우 그 선거는 내부 조직만 추스르다가 끝나게 된다. 선거에서 친인척은 가장 필요하지만, 철저한 관리가 필요하다. "친인척이 설쳐서 선거 못 하겠다"는 소리가 나오면 피곤한 선거가 된다. 친인척이 전혀 보이지 않는 것도 문제지만 전면에 나서면 선거운동원들이 부담스러워하고, 그들의 눈치를 보느라 아무 일도 못하게 되는 수가 있다. 친인척이 궂은일을 맡아하면 오히려 좋은 반응을 얻을 수 있다.

어느 조직이든지 회의가 길고 많은 조직은 문제가 있다. 특히 긴급하게 돌아가야 하는 선거 조직에 있어서 복잡한 의사 결정 구조는 크나큰 해악이다. 선거운동 기간이 짧다는 것을 감안할 때 의사 결정이 몇 시간 또는 하루가 미뤄지면 수 백, 수 천 표를 잃을 수도 있다. 따라서 중요한 결정은 5명 이내의 핵심적인 책임자가 협의하여 빠르게 결정할 수 있는 시스템을 만들어야 한다.

함께하는 이들의 소중함을 인식하라

만약 당선된다면, 일등공신은 선거를 함께 치르고 도와 준 이들임에 틀림없다. 후보가 어떤 사람인지, 왜 자신이 후보를 지지하는지 시민들에게 설명하고 설득하는 방식은 큰 효과를 내었다. 아무런 대가 없이 자신의 선거처럼 나서서 돕고 진심으로 당선되길 바라는 마음으로 뛰어주는 이웃들의 모습은 실제로 많은 사람에게 감동을 준다.

선거운동 기간 함께하는 선거운동원들의 역할도 크다. 이들은 가장 가까이서 후보를 보는 첫 번째 유권자가 된다. 단순히 구호와 율동으로 후보를 알리는 사람이라고만 생각하면 오산이다. 이들의 입이 마이크가 되어 지역사회에 퍼져나가게 된다. 지역 전체를 돌아보고 다양한 계층과 조직 속의 사람들을 선거운동원으로 모시는 것도 좋은 방법이다. 시민들의 마음을 얻는 일은 언제나 가까운 이들로부터 시작된다.

정치자금법 일부 개정안 통과 - 후원회 설치 가능

기초·광역의원 후보자 및 예비후보자의 후원회도 설치가 가능해졌다. 선거비용 제한액의 100분의 50에 해당하는 후원금 모금을 할 수 있다. 국회의원처럼 후원회를 상시 운영할 수 있는 것은 아니다. 지역별 편차가 있지만 시·도의원 선거 비용이 통상 5~6천만 원 선인 점을 감안하면 후원받을 수 있는 금액은 최대 3천만 원 이내인 셈이다. 기존 정치자금법은 대통령, 국회의원, 당대표, 지자체장 선거 후보와 현직 국회의원 등만 후원회를 운영할 수 있도록 해왔다.

대세에 지장 없다. 과감하게 맡겨라!

선거 때가 되면 대부분의 후보들이 민감해진다. 그리고 참모들의 스트레스도 그만큼 더해 간다. 선거에 있어서 후보자가 버려야 할 것 중 하나가 사사건건 모든 일에 관여하고 결정하려는 태도이다. 예컨대 선거 홍보물을 만들고 사진을 선택하고 문안을 만드는 일들은 참모와 기획사에 맡겨둬도 충분한 일이다. 대부분의 정치 기획사는 전문가들로 구성된 곳이다. 아무리 후보의 식견이 뛰어나다 하더라도 전문가보다 나을 수는 없다. 선거공보에는 허위 경력 기재나 선거법에 위반되는 내용이 실리지 않게 하는 것이 가장 중요하다. 허위 경력 기재 등은 선거법 위반으로 당선 무효에 해당되기 때문이다.

그럼에도 불구하고 많은 후보자들이 선거 홍보물에 목을 매는 경우가 많다. 과감하게 참모와 선거 기획사에 맡겨야 한다. 그 시간에 한 명의 유권자라도 더 만나는 것이 현명한 일이다. 특히 캠프 내의 사소한 일에 시간을 허비하면 조직 내 갈등을 불러일으킬 수 있다. 선거운동에 전력을 다해야 할 캠프가 갈등과 후보의 심기 관리로 시간을 허비해 버리는 것이다. 대세에 지장 없는 일들은 참모에게 모두 맡겨라!

선거사무소 설치 시 유의사항

1. 선거사무소는 고정된 장소나 시설에 두어야 하며, 식품접객영업소(다방, 커피숍, 분식점, 일반음식점, 단란주점, 유흥주점 등)나 공중위생영업소(숙박, 목욕, 이용, 미용, 세탁업 등) 안에는 설치할 수 없다.
2. 같은 건물의 다른 층에 걸쳐 있거나 같은 층에 분리되어 설치되어 있더라도 선거사무소의 기능과 조직에 있어 하나의 선거사무소의 일부로 운영되고 이를 사전에 신고한 경우에는 하나의 선거사무소로 본다.
3. 선거사무소에는 수량이나 규격의 제한 없이 간판·현판·현수막을 설치·게시할 수는 있으나 그 건물이나 담장을 벗어난 장소에 설치·게시하거나 애드벌룬을 활용할 수는 없습니다. 그러나 야간에 잘 보이게 하기 위해 네온사인·형광 기타 전광에 의한 방법으로 설치·게시할 수 있다.
4. 예비후보자가 선거사무소를 설치할 때는 소규모 조직이지만, 후보자등록 후에는 선거사무원과 자원봉사자 등 많은 사람들이 드나들게 된다는 점을 고려하여 적절한 크기의 장소를 확보할 필요가 있고, 전화 홍보실·회의실·접견실은 선거사무소 안에 별도 공간으로 마련하는 것이 좋다. 선거사무원 및 자원봉사자들의 사기 진작을 위해 쾌적한 환경의 선거사무소 공간 마련도 중요하다.

배우자 100% 활용하기

예비후보자가 되면 선거운동을 위하여 예비후보자의 명함을 직접 주거나 예비후보자에 대한 지지를 호소할 수 있는 사람이 늘어난다. 예비후보자의 배우자(배우자가 없는 경우 예비후보자가 지정한 1명)와 직계존비속, 예비후보자와 함께 다니는 선거사무장·선거사무원 및 제62조 제4항에 따른 활동보조인, 예비후보자가 그와 함께 다니는 사람 중에서 지정한 1명 등이다.

특히 배우자가 선거운동을 할 수 있게 되어 예비후보자의 절반의 역할을 할 수 있게 된다. 적극적으로 선거 운동에 나서는 배우자라면 큰 힘이 된다. 그러나 남성 후보자의 선거를 돕는 배우자는 당연하게 여기면서도 실제로 여성 정치인의 남편으로 현장에 뛰어들어 함께 하는 배우자는 그렇게 많지 않다. 아직까지 우리 사회가 정치는 남성의 영역이라고 생각하고 있기 때문인 것 같다. 그래서 선거에 출마할 때는 무엇보다 배우자를 잘 설득하는 일이 필요하고 고마운 마음으로 함께 해야 한다.

배우자가 없거나 선거운동을 하기 어렵다면, 예비후보자는 선거운동을 할 수 있는 사람 중에 1인을 지정할 수가 있기 때문에 선거운동을 가장 잘할 수 있는 적합한 사람을 선정하는 것이 중요하다.

1단계 (지금부터 예비후보자등록 전까지)

(1) 예비후보자등록 전까지는 통상적이고 의례적인 범위 내에서 교부할 수 있는 명함에 배우자와 함께 찍은 사진(가족사진)을 넣어 나의 배우자가

누구인지, 또 후보 집안의 가족 분위기가 어떤지를 사람들에게 사전에 알린다. 선거일 180일 전부터는 명함을 교부할 수 있다.

(2) 배우자도 선거 관련 교육 등에 함께 참여하여 선거운동 전반에 대한 이해를 공유한다. 아울러 지역 현안이나 공약에 대한 학습, 상대 후보와 비교·분석을 통한 우리 후보의 선거 전략 등에 대한 충분한 이해를 바탕으로 후보자와 동일한 메시지를 구사해야 한다.

(3) 특성에 맞는 지역이나 대상지를 정책 설문조사 형식으로 방문하는 것이 효과적이다. 경우에 따라 배우자가 찾아가는 것이 더 좋은 현장이라면 배우자가 방문한다.

2단계 (예비후보자 선거운동기간)

(1) 예비후보자등록 이후부터 선거일까지 후보자와 똑같은 활동 범위가 허용된다. 이 기간에 가장 중요한 것은 배우자의 효율적인 일정 관리이다. 후보 외에는 배우자만이 유일하게 명함을 자유롭게 배포하면서 지지호소를 할 수 있다. 특히 인지도가 낮은 정치 신인의 경우, 후보 일정과 중복되지 않도록 별도로 배우자 일정과 동선을 잘 짠다면 획기적인 인지도 상승이 가능하다.

(2) 배우자가 말하는 선거 공약이나 비전 등이 후보와 다를 경우에는 유권자를 혼란스럽게 할 우려가 있다. 따라서 선거 전략과 이슈 등 선거 전반에 대한 공감도를 높여야 한다.

(3) 블로그 등 인터넷 선거운동에 '배우자 일기' 등을 올려 가족 이야기와 선거운동의 고충 등을 진솔하게 감동을 담아 전달한다.

3단계 (법정 선거운동기간)

(1) 본선에 돌입하게 되면 유세 지원도 가능하다. 후보가 거리유세를 하지 못하는 시간과 공간을 배우자가 잘 한다면 일반 연설원을 투입하는 것보다 훨씬 더 효과적이다.

(2) '배우자 일기' 등 인터넷 선거운동을 잘 관리한다. 선거 관심도가 고조되고 부동층이 움직이는 본선 기간에는 선거운동의 효과가 증폭된다.

후보의 선거운동을 지원하는 배우자

정춘숙 후보자와 남편

김은혜 후보자와 남편

1 : 250의 법칙

선거 준비에서부터 끝날 때까지 후보가 통상적으로 만날 수 있는 유권자는 매우 제한적이다. 결국 선거가 끝날 때까지 후보를 단 한 번도 만나지 못한 유권자는 주변 사람의 이야기나 언론, 혹은 홍보물을 보고 투표하게 된다. 따라서 만날 수 있는 소수 유권자를 통해 만날 수 없는 다수 유권자에게 전파력을 확산시키는 것이 선거 운동에서 말하는 조직의 원리이다.

세계 최고의 자동차 판매왕으로 잘 알려진 조 지라드(Joe Girard)는 15년 동안 1만3천 대의 자동차를 팔아 기네스북에 오른 입지전적 인물이다.

그가 강조했던 것이 '250명의 법칙'이다. 한 사람의 평균 인맥은 약 250명 정도로, 그 사람을 정성스럽게 대할 경우 그는 주변의 250명에게 우리(후보자)에 대한 좋은 이야기를 하고 영업(선거운동)을 도울 수 있다는 것이다.

선거에서 조직을 만드는 이유는 후보의 메시지를 유권자에게 전달하기 위해서이다. 즉 사람과 사람이 방사형으로 퍼져 나갈 수 있도록 연결하는 것이 바로 조직이다. 정치 신인이든 현역이든 아주 기본적인 조직, 열성적으로 움직일 수 있는 조직과 효과적으로 가동이 가능한 인력이 구축되어있다면 선거에서 바람몰이는 충분히 가능하다. 가장 열렬히 도와줄 수 있는 후보 주변의 조직을 특별히 관리할 필요가 있다.

조직은 거미줄처럼 촘촘하게 엮여야 한다. "열 길 물속은 알아도 한 길사람 속은 모른다"는 말처럼 선거는 투표를 마치기 전까지 마음을 놓을

조직

수 없다. 하룻밤 사이에 뒤집힐 수 있는 것이 선거이기 때문이다. 선거를 하다 보면 어느 지역은 상황이 잘 파악되고 날이 갈수록 표가 움직이는 것이 보이는데, 어느 지역은 좀처럼 열세를 벗어나지 못하는 지역이 있다. 지역적 특성 때문이기도 하겠지만 조직이 가동되지 않아 생기는 상황일 가능성이 크다. 공조직만 믿고 있다가 조직 책임자가 움직이지 않으면 아무것도 할 수 없는 상황이 초래되는 경우도 있고, 사조직의 어느 한 단체를 믿고 있다가 낭패를 보는 경우도 허다하다.

따라서 조직은 종과 횡을 가르는 거미줄과 같이 촘촘하게 짜여야 한다. 하나의 조직만으로 1개의 읍·면·동을 책임지게 해서는 안 된다. 공조직, 동창회, 향우회, 친목계 등이 서로 씨줄과 날줄처럼 빈틈없이 짜여야 비로소 조직이 구축되었다고 볼 수 있다. 그래야 조직 간 움직임을 자연스럽게 확인할 수 있으며, 이를 통한 상호 견제도 가능하다. 주식 투자에 있어 계란을 한 바구니에 담지 않는다는 말처럼 일방적으로 특정 조직에만 모든 것을 맡겨서는 안 된다. 조직 내에 한 쪽으로만 힘이 쏠리면 반드시 역효과가 일어난다는 사실을 명심해야 한다. 선거는 본인의 한 표로 시작해 한 표가 열 표가 되고, 열 표가 다시 백 표, 천 표로 확산되는 과정의 연속이다. 즉, 나에서 시작해 가장 가까운 곳에서 부터 표가 확산되지 않으면 질 수밖에 없다. 자신의 가족, 친구, 동문, 종친, 향우, 후보가 살고 있는 지역이나 아파트 등에서 착실히 표를 다져야 이길 수 있는 기반이 되는 것이다. 자신의 가까운 곳에서부터 인정받지 못하면 1년 내내 돌아다녀도 표가 되지 않는다.

1/n 친목 모임을 많이 만들어야

과거의 선거조직이 돈을 중심으로 하는 수직적 관계였다면 이제는 인간관계를 중심으로 하는 수평적 관계로 변화하고 있다. 돈 들이지 않고 아는 사람을 가장 많이 조직할 수 있는 것이 각종 친목모임이다. 친목모임의 특성은 회비가 1/n로 회원 모두가 공평하게 납부하는 자발적 조직이라는 점이다.

아파트 주민 모임, 동갑내기 모임, 상가 번영회 모임, 향우회, 취미 모임, 조기 축구회 및 배드민턴 동호회 같은 각종 운동 동호회, 그리고 인터넷 동호회 등 다양한 모임에 적극적으로 참여하는 것이 좋다. 이런 모임의 회원이 되어 성실성을 보여주고 인간적인 관계를 쌓아나간다면 실제 선거에서 자발적으로 도와주는 자원봉사자들을 쉽게 조직할 수 있다.

선거의 시작은 유권자 입장에서 출마자가 누구인지 아는 것에서부터 출발한다. 이러한 인지도 제고를 가장 자연스럽게 시작할 수 있는 곳이 바로 친목모임이다. 그러나 유사한 조직 여러 개에 중복 가입하고 회원의 의무인 회비도 내지 않고 있다가 선거 때만 얼굴을 내미는 경우는 차라리 모임에 가입하지 않는 것만 못하다. 회원으로서의 의무를 다 할 수 있는 범위에서 활동해야 한다.

정당 조직은 든든한 지지자

선거 유경험자는 선거과정 중 가장 어려운 것이 정당의 공천을 통과하는 것이라고 말한다. 어려운 만큼 일단 공천을 받게 되면 든든한 후원세력을 얻게 되게 될 뿐 아니라 정당으로부터 다양한 지원을 받게 된다. 정당 조직을 잘 활용해야 한다. 선거에 출마하고자 한다면 정당에 가입해서 꾸준히 활동을 시작하자. 당원들과 친분을 쌓고 당내 행사에 적극적으로 참여하는 등 동지애를 형성하도록 노력해야 한다. 한 때는 특정 지역에서 특정 정당의 공천만 받으면 무조건 당선되었던 시절이 있었지만, 지금도 '묻지마 투표'를 하는 정당의 열혈 당원들이 있으며 여전히 정당 공천은 중요하다.

대부분의 정당들은 공천심사위원회를 별도로 구성하고 당비를 납부하는 당원과 당비를 납부하지 않는 당원 뿐 아니라 국민들의 의견까지 수렴하기도 한다. 정당마다 공천규정이 다르기 때문에 미리 파악해서 대비하여야 한다.

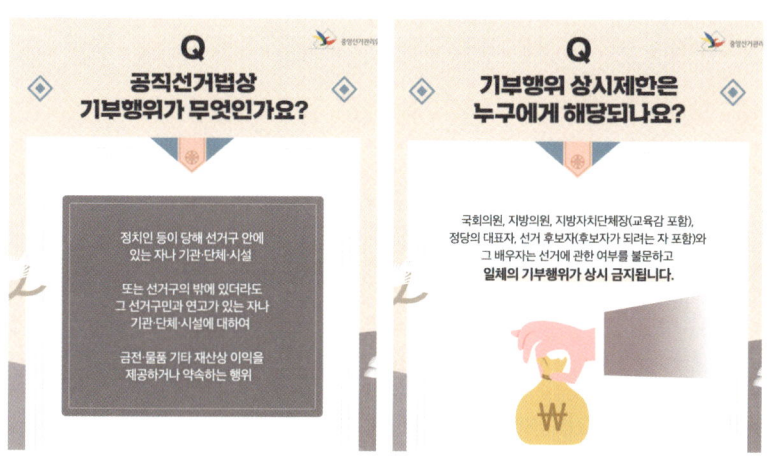

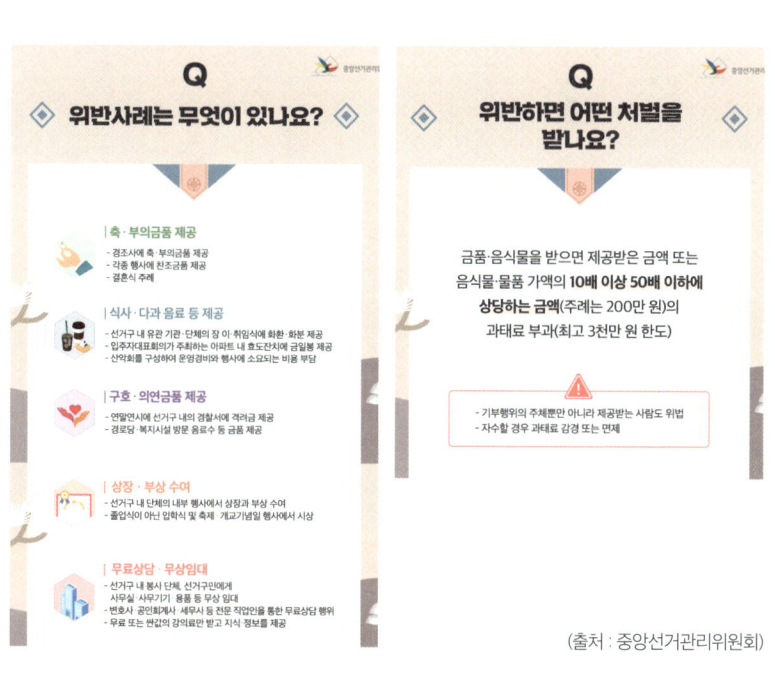

(출처 : 중앙선거관리위원회)

조직 | 가까운 곳부터 챙겨라

정당이 추구하는 가치를 공유해야

| 황보승희(부산 중구영도구 국회의원) |

5대째 영도 토박이로 중구영도구는 나의 집이자 지역주민들은 오랜 시간 이웃이었다. 우리 지역과 이웃들을 위해 일하고 싶다는 생각은 자연스럽게 자라났다.

만 27세 전국 최연소 구의원을 시작으로 15년간 3선 구의원과 재선 시의원을 역임했다. 지방의회에서 다루는 현안들은 모두 내 가족과 이웃들에게 영향을 미치는 것들이었다. 내 일 같이 정성을 쏟았고, 결코 게으름을 피우지 않았다. <지방의원 매니페스토 약속대상> <우수의정활동 의원대상> <좋은 광역 기초의원상> 등의 결과가 말해주듯이 '약속 잘 지키는 의원'으로 인정받게 되었다. 오랜 시간 쌓은 신뢰와 인정은 지금까지 정치인으로 활동하는 데 큰 자산이 되고 있다.

나는 정당이 선출직을 꿈꾸는 이들에겐 당선의 가장 필수적 요소라고 생각한다.

수차례 선거를 치르면서 "내가 받은 표 중 나의 자질만을 보고 찍어준 표는 과연 몇 %나 될까?"라는 생각을 해보았다. 아마 10% 내외일 것이다. 90%는 정당이 추구하는 가치와 정강에 동의하기 때문에 나를 선택해준 것이다. 정당이 공천한 후보자를 신뢰하기 때문에 선택하는 것이다.

　정당은 말 그대로 같은 생각을 가진 사람들의 정치적 집단이다. 흔들리지 않는 가치'를 공유하고 이를 중심으로 뭉쳐야 그 이후를 도모할 수 있다. 선거는 바람(판세)과 구도, 인물이 적절히 맞물리며 작동한다. 그런데 정당이 추구하는 가치가 명확하지 않다면, 그리고 소속 당원들 간에 제대로 공유되지 않는다면, 결국 선거 판세에 따라 후보자가 이 당 저 당을 옮겨 다니는 일이 벌어진다. 오랜 시간 정치를 하면서 그런 모습을 많이 보았다.

　보수 정당에 몸담은 지 어느 덧 20년이 되었다. 그동안 우리 정당이 중시하는 가치, 더 구체적으로 보수의 가치가 무엇인지 공유하는 시간이 부족했다는 아쉬움이 컸다. 이런 고민 끝에 구청장 낙마 후 시민으로 돌아갔을 때에도 <부산 시민정치토론센터> <독서토론회> <남녀 동수 포럼> <디지털정당위원회> 등 여러 활동을 통해 보수의 가치를 공부하고 나누기 위해 힘썼다.

　무엇보다 정당이 추구하는 가치를 명확히 하고 공유하는 것이 우선이다. 이를 바탕으로 정책연구 및 개발에 집중하고 선의의 경쟁에 참여할 때 진정으로 국민의 삶을 위한 올바른 정치가 가능하다고 생각한다.

조직 | 가까운 곳부터 챙겨라

'선당후사'의 자세

| 이영숙(서울시 도봉구의원) |

내 인생에 정치를 하겠다는 계획은 어디에도 없었다. 다만 대학 때, 결혼하고 두 아이를 키우면서 조금은 더 나은 세상을 바라며 학생운동, 시민단체에 발을 담그고 우리 사회와 이웃에 좀 더 관심을 가졌을 뿐이다.

그러다 2010년, '여성의무공천제'가 시행되면서 당시 민주당 도봉(갑) 지역위원장인 김근태 의장님으로부터 출마 제의를 받았다. 선거를 한 달 반 앞두고 처음으로 민주당에 가입했고 그해 당의 공천을 받아 당선되어 현재 3선 의원까지 왔다. 당시 외부 시민단체에서 활동하다 공천을 받는 경우는 처음이었고 그 때문에 기존 당원들이 나를 대하는 분위기가 싸늘했다. 나중에서야 안 일이지만 오랫동안 당에서 활동한 분들이 보기에 난 굴러들어온 돌이었다. 그 마음을 충분히 이해하기에 무엇보다 정당과 당원에게 인정받을 수 있도록 야무진 의정활동은 기본이고 소통을 위해 노력했다. 당원들의 민원에 귀 기울이고 해결하기 위해 노력했으며 해결이 어려울 땐 그 이유를 꼭 설명했다. 또한 지역위원회의 각종 행사나 집회 등에 반드시 참석하고 활발하게 활동했다. 3선까지 한 것은 그런 노력과 진정성이 인정받았다고 생각한다.

사실 선거에 당선 되면 본인이 잘나서 된 줄 착각하는 분들이 있다. 경험상 절대 그렇지 않다. 정당과 당원 도움이 절대적이다. 평상시에 당원들과 스킨십이 있다면 그 당원들을 통해 지역 내 홍보가 저절로 된다. 특히 선거에서 정당과 당원들의 도움이 없다면 당선이 어렵다는 걸 잊지 말아야 한다. 그래서 '선당후사'의 자세는 기본이다.

 조직

주민자치센터부터 공략하라

선거를 준비하는 후보자는 먼저 주민자치센터와 친해져야 한다. 동장이나 사무장, 동 직원들, 공무원들과 친분을 쌓아야 한다. 자주 들러 서로의 얼굴도 익히고 누가 동네에서 영향력이 있는지, 최근 동네 민심은 어떤지를 파악한다. 동네를 알고 지역을 알아야 공략해야 할 목표가 설정된다.

주민자치센터에는 주민자치위원회, 통장협의회, 새마을협의회, 바르게살기협의회, 청소년지도위원회 등 관변단체 및 자생단체가 대략 10여개 이상 된다. 누가 그 단체의 핵심 인물인지를 내 편이든 아니든 간에 미리 파악해야 한다. 적을 알아야 선거를 치를 수 있다. 주민자치센터에 가면 지역 사회의 유력 인사들 명단이 잘 정리되어 있다.

이렇게 만나야 할 주요 단체와 현장 등을 살펴보면, 지역구 내의 관변단체, 자생단체를 비롯해 아파트 입주자 대표회의 / 지역 경제인 단체-동종 업종 별 / 종교관련 시설-교회, 성당, 사찰 등 / 향우회 / 동창회 / 각종 체육회와 친목단체 / 복지관 / 노인정 /어린이집 학부모회 /학교운영위원회 등이다. 지인 등을 통해 연결고리를 확보하고 우호적인 조직 그룹을 구성한다.

가능하면 지역 조직 내 사람들과 자주 만나고 어울려야 한다. 그래야 지역 사회의 문제를 함께 고민할 수 있다. 하루 이틀에 되는 일은 아니겠지만, 천 리 길도 한 걸음부터다. 차근차근 준비하고 노력해야 한다.

한 장의 명함이 모여 천 명의 유권자가 된다
- 마음을 교환하라

후보자는 선거운동 전부터 평소에 모임이나 행사에 나가면 가능한 한 많은 사람들과 인사를 나누고 명함을 교환해야 한다. 만나는 사람은 반드시 명함을 받고 전화번호와 이메일을 데이터베이스에 입력한다. 한 사람이라도 더 만나기 위해서는 행사 시작 전에 빨리 가거나, 행사 후에도 바로 돌아오지 말고 남아있는 사람과도 명함을 교환한다. 한 사람에게 너무 많은 시간을 빼앗기지 말라.

또한 만난 사람에게 그 다음날 감사와 반가움을 표시하는 문자나 이메일을 보내 그 사람을 내 편으로 만들어야 한다. 한 통의 감사 문자와 이메일이 미래의 단단한 지지자를 만드는 일이다. 한꺼번에 모아서 처리하려면 커다란 짐이 된다. 하지만 매일 습관처럼 하다 보면 자신도 모르게 상당한 인맥이 만들어진다. 데이터베이스는 외부에서 구할 수도 있지만 후보자가 직접 만난 사람들에서부터 시작해야 한다는 사실을 결코 잊어서는 안 된다.

> 조직 | 가까운 곳부터 챙겨라

봉사도 전문성과 장점을 살려

| 구점득(경상남도 창원시의원) |

2018년 전국동시지방선거는 자유한국당 후보로 선거운동하기가 힘들었지만 8명의 후보 중 21.7%를 얻어 시의원에 당선되었다. 평소 정치를 하기 위한 아무런 준비도, 정치를 할 생각을 가져 본 적도 없었다.

지역구에서 30년을 과외와 학원경영을 하며 평소 어려운 학생들을 위해 장학금을 지원하는 등 도움이 필요한 곳에서 나누며 가르치는 일에 최선을 다한 것이 2018년 지방선거에 새인물 교체론이 대두되면서 지역민들의 추천으로 후보의 기회가 된 것 같다.

돌이켜보면 나의 장점과 전문성을 살려 지역에서 봉사활동을 했던 것이 큰 도움이 되었다.

주민자치위원으로 활동을 할 때는 타지역 주민자치활동과 사업 등에 관심을 갖고 박람회 참여등으로 모은 자료를 교육자료로 만들어 직접 주민자치 위원을 대상으로 강의를 했고 창원시의 광역시 승격을 위해서 강사로 활동할 때도 시민대상으로 많은 강의도 했다.

여성의원으로 출마를 준비한다면,
- 봉사도 남과 같이 하지마라
- 나의 장점과 전문성과 연결이 되는 지역 봉사단체에 가입하라
- 당의 공천 없이는 당선이 어려우므로 지역구 당협에 가입하라
- 출마 전 공약 사업도 생각하며 지역구 국회의원, 도의원, 시장 공약사업도 관심 갖고 지역과 연관된 사업들을 찾아 공약사업으로 제시 할수 있도록 준비를 하라
- 인사말도 다른 사람의 기억에 남도록 차별성 있게 하라

홍보

—

미리 미리 준비하라

후보 자신과 상대 후보, 유권자에 대한 분석을 끝내고 선거를 위한 각종 기획과 조직 구성이 어느 정도 갖추어졌다면 이제 관건은 홍보다. 선거의 궁극적인 목적이 '당선'이라면, 홍보는 그 목적을 달성해주는 하나의 방법이다.

홍보란 다양한 방법의 유세나 유권자들에게 내놓는 인쇄용 홍보물만을 말하지 않는다. 평소에 사람을 만나는 일, 그 사람과 나누는 이야기를 비롯해 심지어 차림새, 헤어스타일, 말투 등도 모두 홍보에 포함된다. 따라서 자신의 선거 전략에 입각한 홍보 전략 수립이 선거의 시작이다.

홍보 전략 수립은 '나는 누구인가'라는 상황 인식에서부터 시작한다. 지역 사회에서의 인지도나 출마 동기에 대해 정확한 상황 인식을 하고 있어야
  누구에게 전달할 것인지(WHO),
  무엇을 전달할 것인지(WHAT),
  왜 전달할 것인지(WHY),
  언제 전달할 것인지(WHEN),
  어디에서 전달할 것인지 (WHERE),
  어떻게 전달할 것인지 (HOW)를 결정할 수 있다.
  바로 이 육하원칙에 따른 이유를 명쾌하게 설명해 낼 수 있는 잘 다듬어진 메시지가 곧 홍보 전략의 수립이라고 말할 수 있다.

늘 같아야 한다, 일관성

홍보에서 화려함이 곧 표심을 잡는 것은 아니다. 때로는 투박한 것이 화려함을 이긴다. 중요한 것은 화려함이나 투박함이 아니라 후보의 홍보 콘셉트가 선거 캠페인 전략과 얼마나 잘 어울리는지, 후보의 말이나 행동이 홍보물 등에 통일성과 꾸준한 일관성을 갖는가 하는 점이다.

서민을 대표하는 후보라면서 명품 의상이나 소품 등을 애용한다거나, 환경운동가 경력을 내 세우면서 지역의 랜드마크를 만든다고 유휴림에 대규모 휴양지를 만들자고 주장한다면 어떨까?

홍보는 일관성이 중요하다. 만일 소속된 정당을 부각시키는 선거 전략을 세웠다면 정당을 나타내는 컬러나 로고를 최대한 활용하되, 공약 역시 정당의 공약에 충실하면서 지역의 상황에 맞도록 수정하여 홍보하는 것이 옳다. 개혁성을 강조하고 싶다면 중장년층보다 젊은 층을 공략하는 홍보 전략을 써야 한다. 홍보물의 비주얼이나 카피도 젊은 층의 선호에 맞추고, 심지어는 차림새나 말투까지도 젊은 층을 공략하는데 집중해야 한다. 이제껏 보아온 후보와 똑 같이 판에 박힌 주장이나 반복하고, 구태의연한 명함을 내민다면 실패한 선거캠페인이 될 가능성이 농후하다. 지지세력의 의견, 태도, 가치, 행동과 맞는 이미지를 창출해야 홍보 효과를 얻을 수가 있다.

정치인은 겉과 속이 다른 사람, 이해관계에 따라 소속 정당을 옮기는 철새 등 부정적인 이미지를 안고 있는 정치판에서 일관성은 후보의 이미지를 좌우하는 중요한 요소 중 하나이다.

홍보 | 미리 미리 준비하라

일 잘하는 송파똑순이, 남인순

| 남인순(서울송파병 국회의원) |

2012년 비례 국회의원으로 첫 등원 후, 2015년부터 서울송파병에서 지역활동을 시작하여 제20대 국회의원선거에서 44.88% 득표율로 당선되었다. 당시 강남3구에서 보기 드문 민주당의 당선자로 주목받았다. 이후 4년 동안 지역구를 위해 성실하고 힘있게 의정활동을 펼치고, 제21대 국회의원선거에서 52.49%의 득표율로 9.27%라는 높은 득표율 차이로 당선되었다.

비례대표에서 송파병 국회의원으로 변화하는 시기에 '캐릭터'와 '캐치프레이즈'에 대한 고민이 상당했다. 송파병 유권자들의 투표성향을 분석한 결과, 한 정당을 지지하기보다 송파병의 실질적인 변화에 맞는 실용적인 선택을 해왔다는 것에 주목했고, 유권자가 원하고 당시 경쟁자와 차별화된 정치인의 모습은 "부지런히 일을 잘하는 것"이었다.

긴 토의 끝에 '송파똑순이'로 결정하게 되었는데 평균연령 40대인 송파병 유권자에게 익숙한 캐릭터이자 '남인순'의 '순이'와 '송파똑순이'의 '순이'가 매칭되어 쉽게 떠올릴 수 있다는 이유였다. 또한 '남인순'은 "부지런하다", "일 잘한다"라는 평가가 다수였기에 똑부러지는 이미지의 '송파똑순이'는 '남인순'의 장점을 담기에 적절하다고 보았다.

때문에 "일 잘하는 송파 똑순이"를 20대 총선 메인 캐치프레이즈로 설정했고, 21대 두 번째 도전에서는 '똑소리 나게 일 잘하는 송파똑순이'에 더해 추진력 있고, 힘 있는 중진 정치인으로서 송파의 비전을 보여드리고 싶어 "활력있는 송파, 실력있는 국회의원"을 추가하게 된다.

송파병 지역구민들을 만날 때마다 꾸준히 "일 잘하는 송파똑순이 남인순입니다"를 인사처럼 하고 다녔고, "일 잘하는 송파똑순이"에 걸맞게 부지런히 의정활동을 하고 좋은 성과를 낼 때마다 알렸다.

처음 지역구에 도전할 때는 유권자 성향과 자신의 장점을 정확히 분석한 뒤, 이를 바탕으로 경쟁자와의 차별화를 할 수 있는 자신만의 장점을 강조하는 것이 필요하며, 유권자들이 충분히 인식할 수 있도록 일관되게 홍보하는 것이 중요하다.

그러면서 달라야 한다, 차별성

후보 자신에 관해서는 일관성을 유지해야 하지만 상대 후보를 떠올린다면 차별성을 염두에 두지 않을 수 없다. 즉, 스스로는 자신의 선거전략에 따라 머리부터 발끝까지 꾸준한 일관성을 유지해야 하지만 상대 후보와는 확연히 다른 차별성도 갖춰야 한다.

냉정히 따져보면 유권자들이 본격적인 선거전에서 만나는 후보 모두의 특징과 장점 등을 일일이 기억하기란 쉬운 일이 아니다. 특히 지방선거에서는 광역단체 장이나 교육감, 기초단체장 등 굵직굵직한 직함에 도전하는 인물들은 차치하고서라도 기초의회나 광역의회 출마자들은 유권자의 눈에는 모두 같은 선거의 후보들일 뿐이다. 누가 기초의회 후보고 누가 광역의회 후보인지 분간하지 못하는 경우가 다반사다.

본격 선거전이 이럴진대 예비후보자로 등록하는 사람은 얼마나 많을 것이며, 지금부터 지역을 누비는 지망생은 또 얼마나 많을 것인가. 따라서 차별화에 성공하지 못하면 아무개가 출마했는지조차도 사람들은 기억하지 못할 것이다.

그렇다면 어떤 방식으로 자신을 홍보할 것인가? 홍보 방식을 찾아야 한다. 때로는 단정한 헤어스타일, 양복이나 정장을 과감하게 벗어던지고 유권자에게 더 친숙하고 신뢰성 있게 다가갈 수 있는 복장을 입을 수 있는 용기, 고정관념 속의 표밭이 아니라 주민들의 행동반경이나 관심사를 쫓아 늘 새로운 곳을 찾아다니는 노력이 필요하다.

자, 여기서 어떤 헤어스타일, 어떤 복장, 어떤 장소냐고 해답을 찾지 마라. 그것은 참모가 결정할 몫이다. 고민은 신중하게 그러나 결단은 과감하게, 행동은 지금 당장 하라! 그래야 유권자의 눈에 띌 수 있고, 눈에 띄어야 살아남을 가능성도 그만큼 크다.

행동이나 복장이 하드웨어라면 선거 공약은 소프트웨어에 비유할 수 있다. 선거 공약 역시 마찬가지다. 너나없이 재개발이나 재건축 완화, 그린벨트 해제, 대기업의 생산시설 이전, 대중교통의 편의성 확보 등을 내거는 것이 유행처럼 번지는 요즘이다. 물론 이같은 공약이 필요치 않다는 것은 아니다. 하지만 이런 공약은 누구나 쉽게 생각할 수 있는 것이고, 조금만 깊이 따지고 들면 사실 지자체가 할 수 없는 공약도 부지기수다. 이러한 공약들로는 다른 후보와 차별화할 수 없다. 공약은 발에서 나온다.

홍보 | 미리 미리 준비하라

우리동네 복(福)덩어리

| 복아영(충청남도 천안시의원) |

천안 소재 대학교 재학시절, 민주당 충남도당 초대 대학생위원장으로 정당 활동을 시작했다.

이후 당직자가 되어 충남도당 총무국장으로 약 8년여를 일하면서 당내 기반을 닦았다.

2018년 지방선거에 출마 당시 언론에서는 나를 '충남 최연소 시의원 후보'라고 알렸는데, 이 '최연소'는 장점과 단점을 갖고 있었다. '젊은 여성'보다 '어린 여성'으로 바라보시는 분들도 많았고, '시집가지 않은 미혼 여성'으로 비난을 받기도 했었다.

하지만 이 프레임에 갇혀 있을 수는 없었다.

기존의 선거운동 방식을 따라하고 싶지 않았다. 나에게 맞지 않는 옷 같았다. '젊음'을 장점으로 승화하고자 했고, 내 방식으로 선거운동에 도전했다.

선거운동원은 모두 20대로 구성했고, 선거 노래와 안무도 더욱 활기찬 분위기로 바꾸었다. 우리의 선거운동은 모두 이미지와 영상으로 제작해 SNS에 적극 활용했고, 감사하게도 많은 분께서 격려와 지지를 보내주셨다.

슬로건은 이름 중 '복'자를 따서 '우리동네 복(福)덩어리'로 했다. 어른들에게 더욱 친근하게 다가가서 복덩어리라고 소개했고, 지금도 '복덩어리'로 기억해주시는 분들이 많다.

이제는 '일 잘하는 복덩어리'가 되고 싶다. 그렇게 되기 위해 주민 분들을 자주 뵙고 있고, 시간이 될 때마다 열심히 공부하고 있다. 앞으로 더욱 일 잘하는 모습으로 찾아 뵙고 싶다.

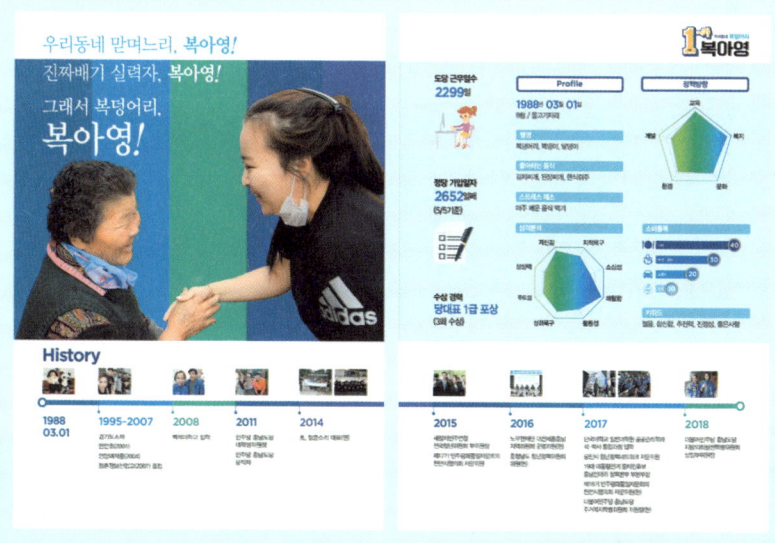

 홍보

분명하게 나를 표현해야 한다, 선명성

황희 정승이 그랬다던가. 집안의 하인 둘이 다투는 걸 보고 이쪽의 말도 옳고 저쪽의 말도 옳다고 판정했는데, 이를 듣고 있던 아내가 그런 판정이 어디 있느냐고 물으니 "당신의 말도 옳다"고 말이다. 남을 이해하려는 황희 정승의 통 큰 됨됨이를 보여주는 일화이기는 하지만 선거에서 이런 태도는 뜨뜻미지근한 기회주의자로 밖에 보이지 않는다.

아무리 선거 전략이나 홍보 전략을 잘 세웠다고 하더라도 전달하는 과정이 뒷받침되지 못하면 아무 소용이 없다. 공직선거에 나선 사람이라면 무엇보다도 공약을 포함한 자신을 알려야 하고, 자신을 알리려면 일단 집을 나서는 순간 모든 체면이나 쑥스러움 따위는 장롱 속에 넣어두어야 한다.

길거리나 사무실에서 만나는 모든 사람에게 밝고 활기찬 모습을 보여주어야 하는 것은 기본이고, 당당하고 자신감 있게 자신을 표현해야 한다. 건강하고 활기 있는 모습은 직무를 감당할 수 있는 체력과 열정이 있다는 것을 나타내므로 중요하다.

따라서 거듭 강조하지만, 자신의 출마 이유나 핵심 공약을 늘 명확하게 인식하고 있어야 하며 평소 간단하고도 명료하게 전달하는 연습을 해두어야 한다. 환한 표정으로 믿음직스럽게 두 손을 힘주어 부여잡고 명쾌한 말투로 자신을 소개하는 모습을 머릿속으로 그려보라. 생각만으로도 흐뭇하지 않은가.

경청하는 후보가 마음을 얻는다

선거 일이 다가올수록 후보자는 당장 눈앞에 유권자가 표로만 보이기 쉽다. 유권자는 '어떻게 하면 나를 홍보해서 표로 연결시킬 수 있을까'라는 생각만 하는 후보자를 금방 알아챈다. 전달하고자 하는 메시지를 정확하게 말하면서도 유권자의 얘기를 진심으로 들어주어야 한다. 유권자의 말에 진지하게 귀를 기울이는 태도 역시 말하기만큼이나 중요하다. 많은 유권자들은 불만은 많으나 하소연할 곳이 마땅치 않다. 선거가 다가와야 그나마 후보들의 얼굴이라도 대할 수 있으니, 하소연도 이때가 아니면 털어놓을 수도 없다. 바쁜 와중에도 주민의 이야기를 들어주고 맞장구를 쳐주며 해결책을 모색하기 위해 고민하는 흔적이 보이는 후보라면 일단 묻지도 따지지도 않고 표를 던지는 열성 지지자 한 명을 얻은 셈이다. 유권자들의 어려움을 이해하고 함께 나눌 수 있는 마음이 없다면 그들에게 다가갈 수 없다. 좋은 공약도 현장에 담겨있다. 지역민의 요구를 알아내기 위해서는 직접 찾아가서 만나야 한다. 이때도 가능한 한 많이 들어야 한다. 가르치거나 설명하려는 후보를 좋아할 유권자는 없다. 열성지지자의 표가 얼마나 될지는 얼마나 열심히, 그리고 성실하게 유권자의 이야기에 귀 기울이는가가 결정해 준다.

가능한 많은 유권자와 스킨십이 필요하다. 코로나19로 상황이 여의치 않다면 눈 맞춤은 필수이다. 많은 후보자가 범하는 실수 중에 하나는 악수하면서 눈빛은 다른 사람을 향하고 있는 경우이다. 약속한 사람을 만나러 가면서 다른 유권자들을 지나쳐버리지 않도록 주의해야 한다.

 홍보

명함도 선거 전략과 콘셉트에 입각해야

명함은 유권자에게 후보가 직접 전달할 수 있는 유일한 매체인 만큼 매우 중요한 홍보물이 된다. 명함을 보면 그 후보자가 얼마나 준비되어 있는지, 유권자에 대한 배려와 정성이 얼마나 표현되어 있는지 알 수 있다. 중요한 것은 후보자의 선거 전략과 콘셉트에 맞게 제작되어야 한다는 점이다. 따라서 제대로 된 명함을 만들려면, 먼저 자신의 선거 전략부터 제대로 세워야 한다. 명함의 99%는 버려진다고 한다. 5초 안에 마음을 사로잡을 수 있는 글자와 이미지를 넣어야 한다.

명함은 단 1종만 허용하는 것이 아니기 때문에 여러 종류를 만들 수도 있다. 유권자의 성별이나 직업 등에 따라 명함을 만들어 놓고 상대에 맞게 배부하는 것도 좋은 방법이다. 예를 들면 입후보 예정자가 교회나 성당에 다닐 경우 교우들에게 주는 명함에는 세례명이나 직분을 표기하거나, 어르신들을 위해 글씨를 굵고 크게 제작하는 것도 한 방법이다. 지역구 내에서도 동마다 숙원사업이나 요구가 다르기 때문에 지역별 공약이 담긴 명함도 그 지역에 대한 관심의 정도를 표현할 수 있는 방법이다.

'나는 소통하는 후보'라고 "언제든지 연락주세요"라고 말하면서 정작 자신이 건네는 명함에는 사무소연락처만 넣는 경우가 있다. 바쁜데 전화오는 것 일일이 받아야하는 어려움 때문이라지만 유권자들도 후보자가 바쁜지 다 안다. 걱정하지 않아도 된다. 선거 기간에도 유권자와의 즉각적인 소통이 되지 않는 후보가 과연 의원이 되면 더 소통할 수 있을까? 명함에 후보자의 휴대 전화번호를 꼭 넣어라.

"제가 누굽니까?" 만난 사람들을 기억하라

　부지런히 다니면서 열심히 인사하고 악수를 했지만 유권자의 반응이 시큰둥하다고 호소하는 후보들이 있다. 그 이유는 십중팔구 유권자를 건성으로 대한 탓이다. 많이 만나는 것이 중요한 것이 아니라 제대로 만나야 한다. 사람은 누구나 자신에게 관심을 가져주고 기억해주는 사람에게 호감을 갖기 마련이다. 열 번이나 만나서 악수하고 인사했는데도 못 알아보는 후보를 유권자는 어떻게 생각할까? 유권자를 기억하기 위해서는 항상 메모하는 습관이 필요하다. 항상 기록하고 만난 사람의 이름, 얼굴, 특징 등을 외우는 수밖에 없다. 스마트폰을 이용하여 만난 사람과 사진을 찍어두는 것도 한 방법이다. 찍은 사진을 SNS에 등재하면 친목 도모는 물론이고 자연스럽게 많은 사람들에게 열심히 활동하고 있다는 홍보도 겸할 수 있다. 수많은 사람을 만나다 보면 어디에서 만난사람인지, 누구인지, 언제 왔던 장소인지 생각해 내기가 쉽지 않다. 수행원의 도움도 중요하다. 가능한 한 수행원은 바뀌지 않는 것이 좋다.

명함을 주기보다 받기 위해 노력하라

출마자에게 가장 시급한 것은 자신의 이름부터 유권자에게 알리는 것이다. 일단 출마를 결심한 후보자는 가까운 친인척이나 지인에서부터 모르는 유권자까지 폭넓은 만남을 가져야 한다. 그러나 선진국처럼 자신의 홍보물을 들고 가가호호 방문이 불가능한 우리나라에서는 아무리 열심히 다녀도 도시의 경우 선거가 끝날 때까지 지역구 유권자의 10%도 만나지 못하는 것이 현실이다.

따라서 예비후보자 기간 전까지는 많은 사람을 만나려는 노력보다는 소수의 사람들과 친밀하게 접촉하는 것이 효율적이다. 대부분의 후보들은 인지도 제고에 급급해서 자신을 일방적으로 알리는 데 주력한다. 그러나 자신에 대해 이야기하는 것보다 유권자의 이야기를 들어주는 것이 더 호감을 준다.

자신의 명함을 전달하려는 노력보다는 유권자의 명함을 받기 위해 노력하라. 명함이 없는 사람의 경우에는 수첩에 전화번호나 이메일 등 연락처를 받아 기록하는 것이 좋다. 특히 인터넷 홈페이지 등을 적극 홍보하고 상대방의 이메일을 확보하여 일상적으로 관리해야 한다.

출마를 결심했다면 수집한 명함이나 명단을 잘 정리하는 것이 중요하다. 수집한 명함 명부를 컴퓨터 프로그램을 통해 정리하고 지속적으로 관리할 경우, 예비후보자등록 이후에도 홍보물 발송이나 이메일, 문자메시지 발송 등에 매우 효과적이다.

잘 찍은 사진 한 장이 열 마디 구호보다 낫다

현대 선거는 비주얼 선거다. 선거 홍보물에 아무리 좋은 정보가 가득 담겼다고 하더라도 효과적인 비주얼이 뒷받침되지 못하면 유권자들에게 선택받지 못한다. 아무도 읽지 않는 정보는 정보로서의 가치가 없다. 이제 비주얼이 곧 정보를 말해 주는 시대다. 선거 벽보의 핵심도 사진이다. 벽보 한 장에 퍼스널 아이덴티티(PI:Personal Identity)를 담는다. 열 마디 말보다 사진 한 장이 주는 감동이 더 큰 경우를 종종 봐오지 않았던가. 선거에 있어서 사진은 홍보의 절반을 차지한다. 일일이 후보와 대면하지 못하는 유권자는 사진만으로 지레 짐작하는 경우가 적지 않다. 좋은 이미지의 사진은 후보 이미지에 플러스가 될 것이고, 나쁜 이미지의 사진은 마이너스가 되기 십상이다. 그렇다면 어떤 사진이 좋은 사진일까?

사진 몇 장에 후보의 모든 것을 담을 수 있어야 한다. 유권자가 사진만 보고도 어떤 사람이고 무엇을 하겠다는 것인지 알아차릴 수 있어야 한다. 표정, 의상, 헤어스타일 등이 모든 것을 말해준다. 따라서 전문적인 사진작가의 힘을 빌리는 것은 필수다. 그리고 이틀 정도를 계약해서 하루는 야외 활동을 찍고, 또 다른 하루는 실내에서의 모습을 담기를 권한다. 그래야 카메라의 렌즈나 플래시 같은 조명에 익숙해져서 자연스런 사진을 얻을 수 있다.

선거에는 명함판 인물사진을 비롯해 메시지를 보여주는 콘셉트 사진, 가족사진, 지역 활동 사진, 중요인물이거나 다양한 부류의 사람들과 함께 하는 사진, 애완동물과 함께 있는 사진 등 여러 가지 사진이 필요하다.

 홍보

아무리 좋은 사진을 찍었다고 하더라도 어떤 사진을 홍보물에 쓸 것인지를 결정하는 일은 쉽지 않다. 권위적인 근엄한 표정의 사진보다는 밝은 표정의 친근한 사진이 유권자로 하여금 더 많은 호감을 갖게 한다. 앞서가는 후보라면 안정적인 이미지를, 추격하는 후보라면 도전적인 이미지 사진을 선택해 유권자의 감성에 호소한다.

미리미리 촬영해둔다

선거 시기가 다가와서 다급하게 사진을 찍지 말고 미리 촬영해 두자. 다른 사람들은 이미 준비를 끝내고 본격적인 선거운동에 들어갔는데 사진 때문에 하루 이틀을 빼앗기는 것은 이만저만 손해가 아니다. 또 힘든 선거운동으로 피곤하고 지친 모습에서 좋은 표정의 사진이 나올 수가 없다. 남들보다 미리 준비하면 명함부터 인터넷 홈페이지, 블로그, 예비후보 홍보물을 거쳐 본격적인 선거전에서 쓸 선거벽보와 후보자 홍보물까지 통일된 사진을 사용할 수 있는 이점이 있다. 각각의 홍보물에 그때마다 다른 사진을 사용하는 것보다 한 이미지의 사진을 계속 사용하는 것이 좋다. 홍보의 가장 기본은 반복이다. 특히 얼굴과 이미지를 알리는 게 곧 당선의 지름길인 선거에서는 그 어떤 일보다 반복이 필요하고 중요하다.

자신만의 선거로고송을 만들어보자

선거로고송은 각 정당과 후보의 이미지 전략에 영향을 미친다. 특히 누구를 선택할지 마음을 정하지 못한 부동층에게 효과가 크다. 중독성 있는 로고송은 무의식 중에 후보자에 대한 호감도를 높인다. 동네 아이들이 따라 부르며 즐거워하는 로고송의 후보는 당선된다고 할 정도로 효과가 크다. 지난 제21대 총선 때는 '찐이야', '사랑의 재개발' 등이 후보들에게 인기였고 같은 곡에 개사를 하며 후보의 이름만 바꾸는 경우가 많았다. 여러 후보들의 똑같은 선거 로고송은 후보의 이름을 기억하는데 효과가 감소될 수밖에 없다. 시간을 갖고 미리미리 후보의 이미지와 어울리는 곡을 선택하고 후보가 내세우고자 하는 메시지를 담아 개사를 해보자. 자신만의 로고송으로 유권자의 무의식을 파고들어보자.

주의할 점은 원한다고 모든 곡을 선거로고송으로 쓸 수 있는 것은 아니다. 한국음악저작권협회에서 관리하는 저작물을 무단사용하면 저작권법 제125조와 제136조에 따라 처벌받는다. 경우에 따라 작곡자가 선거로고소송으로 허락을 하지 않기도 한다. 개사의 경우도 원작자의 동의가 반드시 필요하다.

언론보도를 활용하라

전국동시지방선거가 치러지면 언론사들은 보도 자료로 넘쳐난다. 대다수는 지자체장 등의 후보관련 보도가 주를 이룬다. 지역민들의 관심이 덜한 기초의원 후보들과 관련된 선거운동 보도는 찾기 쉽지 않다. 더욱이 선거에 출마하는 초선 후보자들은 언론 보도가 멀게만 느껴져 거의 활용하지 못할 뿐 아니라 방송과 지면이 허락되는 경우가 거의 없다. 초선일수록 적극적으로 선거출마의 변, 공약, 미담 등 선거관련 정보들을 보도될 수 있도록 노력해 인지도를 높여야 한다.

특히 기초·광역의원들은 출마기자회견을 하는 경우가 많지 않은데, 기자회견을 통해 인지도도 높이고 기자회견 영상과 보도물 등을 SNS를 통해 다시 홍보하는데 활용하면 좋다.

보도자료를 쓸 때는 기본적인 형식에 맞추고 이메일, 팩스, 문자, 카톡 등 여러 통로를 통해 전달한다. 내용은 A4 한장 이내로 만들고 기사체의 보도자료를 작성하며 관련 사진이나 영상을 함께 보낸다. 캠프의 언론담당은 각 언론사의 선거 담당 기자의 연락처를 파악해 그룹으로 묶어두고 함께 발송한다. 보도가 되었을 때 감사의 문자도 챙겨서 보낸다.

공직에 출마한 정치인들이 유권자들과의 직접 대면을 통한 홍보활동도 중요하지만 매스미디어를 통해 후보자의 정보가 유통되고 정보 확산 과정에 매개하는 역할은 여전히 간과할 수 없다. 미디어에 비친 자신의 이미지를 관리하고 언론을 통해 유권자들이 원하는 후보가 자신임을 설득하는 노력을 끊임없이 하여야 한다.

선거 미디어 활용 사례 당시 선거운동을 보도한 언론 기사

상주시 '마'선거구 무소속 신순화 예비후보. 지게 둘러메고 이색 선거운동

상주로컬 18.05.04 108

목록 댓글 0 가

상주시 '마'선거구 무소속 신순화 예비후보. 지게 둘러메고 이색 선거운동

6.13地選 기초의원 상주시 '마'선거구(남원,동성,신흥)에 무소속 신순화 예비후보가 나무 지게를 둘러메고 이색적인 선거운동을 펼치고 있어 화제다

무소속 신순화 예비후보는 비장한 마음으로 시민의 이야기를 잘 듣고, 잘 담겠다는 의미로 좁은 어깨 위 지게를 둘러메고 나섰다며
주변의 사소한 일이라도, 소중한 말씀을 지게에 가득 담아 꼭 실천하겠다고 말했다.

옳은 것을 하기 위한, 잘못된 때란 없습니다.
당의 선택이 아닌 나의 선택! 우리가 주인공이 되어 보면 어떨까요?

당이 아닌 무소속이라 하여도 상주를 위하는 옳은 선택이라면 잘못될 리 없다는 말씀을 간곡히 드리며,
저 신순화, 시민여러분께 절실한 마음으로 지게를 메고 다시 거리로 나선다며 시민들에게 지지를 호소하였다.

〈상주로컬신문〉

 홍보

선거 미디어 활용 사례 당시 선거운동을 보도한 언론 기사

최양희 거제시의원 후보 "노동자와 주부들의 대변자 되겠다"

유순천 기자 | 승인 2018.06.12 14:57 | 댓글 0

'A급 미싱사' 출신 '대우조선 노동자 아내' 독특한 이력 화제

거제시의원선거 마선거구(아주 능포 장승포)에 출마한 최양희 후보의 이력을 보면 왜 그가 노동자와 엄마들의 대변자인지 알 수 있다.

대우조선에서 30년째 현장직으로 근무하는 남편은 휴직계를 내고 직접 선거홍보차량을 운전하면서 아내의 손발과 함께 1급 참모 역할을 하고 있다.

평범한 주부로 살다가 민주당 비례 후보로 당선돼 초선의원으로 좌충우돌하던 여성시의원 최양희. 바쁜 아내를 위해서 남편은 "최양희씨, 집안일은 걱정 말고 의정활동 잘 하세요"라며 격려해준다. 이제까지 아내를 최양희씨로 부르며 꼬박꼬박 서로 존댓말을 쓰는 남편 이씨는 실제로 온갖 집안일을 도맡아 한다고.

선거캠프 사무실 정리정돈, 쓰레기 분리수거, 인테리어 등도 도맡아서 할 정도다.

〈한려투데이〉

지역 이슈에 목소리를 내라

선거 운동을 하다보면 어떻게 해서 후보의 이름이 언론에 나올 수 있을까? 하고 캠프는 고민하게 된다. '사망기사 말고는 어떤 내용이라도 후보의 이름이 노출 되는 것이 좋다'는 말이 있다. 그만큼 언론에 이름이 노출되는 것은 인지도 면에서 큰 효과가 있기 때문이다. 언론의 주목을 끌 수 있는 방법 가운데 하나는 그때그때 이슈에 목소리를 내는 것이다.

예를 들어 자신의 선거구에 ○○이슈가 발생했다면 페이스북을 통해 자신의 생각을 올려라. 기자들은 다양한 취재원들의 목소리가 필요하다. 특히 그 지역의 후보자라면 금상첨화이다.

물론 타이밍이 중요하다. 경우에 따라서는 취재 기자가 후보의 생각을 물어보는 전화를 할 수도 있지만 기다리지 말라.

온라인 상에서 이슈에 목소리를 내다보면 비판하는 반대글이나 악플들이 달릴 수가 있는데 임의로 삭제하면 안된다.

 홍보

방송인터뷰

인터뷰는 유권자들에게 선거 정보를 제공하기 위해 언론사에서 기획한다. 인터뷰 요청이 들어왔을 때는 회피하지 말고 응해야 한다. 대부분 후보자 전원에게 인터뷰를 하기 때문에 인터뷰에 응하지 않으면 '준비가 되지 않은 후보'이거나 '불통의 이미지'를 만들기 쉽다.

뉴스 등에 짧게 인용되는 스폿 인터뷰는 제작진이 원하는 내용이 무엇인지 물어보고 답변을 준비한다. 10초를 넘지 않도록 하는 것이 좋고 시간을 재면서 연습해 둔다.

시사프로그램 등의 인터뷰는 사전에 예상 질문지를 받게 되면 답변은 꼭 해야 할 이야기를 앞에 설명하는 두괄식으로 준비한다. 서론만 얘기하다 정작 하고 싶은 얘기는 하지도 못하고 다음 질문으로 넘어가는 경우도 발생한다.

요즘에는 방송뿐 아니라 신문 등도 인터넷을 활용한 영상 인터뷰를 많이 한다. 평소에 카메라와 익숙해지도록 미디어 인터뷰 등을 교육받아 연습을 해 놓는 것도 필요하다. 전달력을 저해하는 나쁜 습관과 실수를 줄이고 전달력을 향상시킬 수 있도록 말하는 법을 바꾸는 것이다. 특히 방송에서는 누구나 알아들을 수 있는 쉬운 언어를 사용하고 쉽게 설명해야 한다. 얼굴이 달아오르고 심장이 빠르게 뛰는 등 불안한 감정은 실전처럼 많이 연습해보는 것과 인터뷰 내용을 잘 준비하면 해결된다.

체크해 봅시다

- 명확하게 발음하기
- '아, 어, 그' 등 군소리 하지 않기
- 눈동자만 굴리지 않기 : 시선의 방향과 얼굴이 함께 움직여야 한다.
- 손을 많이 움직이거나 다리를 떨거나 몸을 좌우로 흔들거리지 않기
- 부정적인 언어 사용 자제하기
- 은어나 비속어 사용하지 않기 : 표준말 사용
- 신념에 찬 목소리로 당당하게 말하기
- 목소리 톤은 너무 높지 않게 말하기 : 낮은 목소리 톤은 신뢰도와 공신력을 준다
- 말의 내용과 어울리는 감정을 담아 말하기
- 웃는 표정으로 말하기

평소에 나쁜 언어습관은 쉽게 고쳐지지 않는다. 더욱이 긴장된 자리에서는 좋지 못한 언어습관이 튀어 나오기 쉽다. 자신의 말하는 모습을 거울을 통해 본 적이 있는가? 거울 앞에서 자신의 말하는 모습을 보면서 연습하고 휴대폰 녹음기나 카메라로 녹화해 자주 점검해 본다.

방송 토론은 이렇게

방송토론은 누구를 대상으로 하는가? 시청자인가? 상대후보인가? 표를 찍을 시청자와 유권자여야 한다. 가끔 정치인들은 토론 과정에서 상대 후보를 반드시 쓰러뜨려야 할 대상으로 생각하는 실수를 저지른다. 방송 토론은 자신의 메시지를 효과적으로 전달해 유권자가 판단을 내리도록 정보를 주는 것, 자신을 알리는 것이 1차적인 목표이다. 상대 후보를 공격하느라 정작 자신이 하고 싶은 말을 전달하지도 못하고 끝나버리는 경우도 있다. 2차적으로 상대의 단점을 알려 자신을 드러내면 된다. 주장을 펼칠 때는 근거를 제시해 명확하게 말하고, 메시지는 일관성이 있어야 한다. 물론 전략상 상대 후보를 무차별 공격을 할 수 도 있다.

상대방을 공격을 할 때는 상대방의 얘기를 충분히 들어야 하며 예의와 배려가 있어야 한다. 또한 어느 후보든지 장·단점이 있다. 사전에 자신의 약점을 파악해 강점으로 전환할 수 있는 모범답안을 만들어 놓는다. 메모를 볼 때는 곁눈질을 하지 말고 자연스럽게 본다. 상대 후보가 말하는 도중에도 카메라가 항상 작동하고 있다는 것을 명심해야 한다. 리액션(reaction)을 잡기위해 언제든지 자신에게 카메라가 향할 수 있다. 말하지 않더라도 표정, 눈빛, 제스처 등이 언어가 된다.

방송 토론도 시청자와의 소통이라는 점을 인식하고 임해야 한다. 신념에 찬 목소리로 당당하게 말해야 한다. 끝난 후에는 시청자의 반응을 점검하고 평가해 다음 토론을 준비한다.

발로 뛰는 정책 설문조사 100% 활용하기

후보자가 유권자들을 만나기 위해 발로 뛰면서 할 수 있는 유일한 수단이 정책 설문조사이다. 정책 설문조사는 지역의 숙원 사업에 대한 간단한 설문을 하기 위해 유권자를 찾아가거나 우편을 통해 실시하는 일이다. 우편보다는 직접 찾아가서 대면 접촉을 통해 조사를 하는 것이 효과가 훨씬 크다. 그리고 일회성에 그치기보다는 다시 찾아가서 조사 결과를 설명해준다면 후보와 유권자간에 끈끈한 연대를 만들 수 있다. 그런 점에서 홍보와 조직은 별개로 진행되는 것이 아니라 일관된 관점에서 병행되어야 한다. 정책 설문조사를 통해 홍보와 아울러 조사 대상을 조직화할 수 있다. 정책 설문의 내용은 주로 지역의 이슈나 숙원 사업이 되겠지만 후보가 부각시키고 싶은 공약에 대해 주민들의 의견을 들어보는 내용을 담을 수도 있다. 그리고 그 결과를 홍보물에 싣거나 지역을 순방할 때 설명해도 된다. 후보 혼자 조사대상을 찾아 움직일 수도 있고, 자원봉사자와 함께 혹은 별개로 조사할 수도 있다. 설문조사는 후보에 대한 홍보가 되기도 하지만 홍보를 넘어 주민들의 뜻을 묻고 받드는 작업이다. 이와 함께 후보가 지역 현안에 의욕적인 관심을 가지고 있다는 역동적 이미지를 각인시킬수 있다. 설문을 위해 한 번이라도 후보자를 만난 유권자는 그 후보자에 대한 좋은 기억을 갖게 될 것이고, 적극적인 지지 세력이 될 가능성이 크다.

 홍보

절대 홍보 기획사와 싸우지 마라

선거를 하다 보면 홍보 기획사와 캠프 간에 마찰이 생기는 경우가 있다. 캠프와 홍보기획사와 생각이 맞지 않아서 그럴 수도 있고 홍보 기획사에 대한 불신 때문에 불협화음이 생길 수도 있다. 하지만 그 어떤 경우에도 홍보 기획사와 싸우는 것은 좋지 않다. 우선 홍보 기획사를 선정할 때 믿을 수 있는 업체인지 파악하는 것이 중요하고, 두 번째 믿을 만하다고 판단되면 끝까지 믿고 맡기는 것이 좋다. 대부분 홍보 기획사는 전문가 집단이다. 캠프와 홍보 기획사의 의견을 객관적으로 놓고 평가하면 홍보 기획사의 주장이 더 설득력을 가지는 경우가 많다. 또한 홍보 기획사를 단순하게 갑과 을의 관계로 생각하고 지나치게 고압적인 명령으로 일관한다면 창의력이 떨어질 뿐만 아니라 업체는 매우 수동적으로 일을 할 수밖에 없다.

시간이 없는 홍보 기획사의 입장에서 가능한 캠프와 싸우지 않고 캠프 방향이 옳지 않더라도 원하는 대로 해주는 것이 편하기 때문이다.

홍보기획사를 적으로 돌리는 것은 어리석은 일이다. 한 배를 탄 식구로 생각하고 최대한 믿고 맡길 때 더 좋은 결과가 나온다. 물론 더 좋은 결과물을 만들어내기 위해서는 서로 토론하고 논의해야 한다. 단, 그 과정이 일방적인 명령이나 흠집 잡기로 일관되면 업체 또한 똑같은 방식으로 대처 한다는 것을 잊어서는 안 된다. 그리고 그 불이익은 대개의 경우 후보에게 돌아간다. 그러니 싸우지 마라! 싸운다고 절대 정드는 것 아니다.

스마트 선거운동이 경쟁력이다

코로나 19는 이미 지난 총선에서 경험했던 것처럼 선거운동에도 큰 변화를 가져왔다. 비대면 온라인 선거운동의 패턴이 공고해 졌다. 유권자들을 일일이 찾아다니면서 홍보하던 시대는 지났다. 물론 면대면 선거가 중요하지 않다는 것은 아니다. 그러나 코로나 19는 옛 시대 선거운동의 종언을 고하고 비대면 선거 시대를 열었다. 변화된 일상 속에서 이제 선거는 SNS 선거라고 해도 과언이 아니다. 유권자와의 접점을 어디서 찾아야 할까? 스마트폰 하나면 SNS, 블로그, 유튜브, 페이스북, 카카오스토리, 인스타그램까지 1인 뉴미디어를 활용할 수 있다. 후보자에 대한 정보와 공약을 홍보하는 단계를 뛰어넘어 여론 형성과 확산에 큰 영향을 미친다. 다양하게 개발된 앱과 서비스를 활용하면 한정된 내 시간, 힘, 그리고 자금을 나를 찍어 줄 지지자에게 집중할 수 있다. 모든 후보에게 주어진 하루 24시간의 내용이 달라진다. 나를 좋아하는 지지자 중심으로 일정을 짜고, 충실하게 만날 수 있다. 나아가 다양한 계층의 유권자들과 정치적 관계 맺기가 가능하고 격의없이 소통할 수 있다. 또한 정보의 공유와 확산 속도가 빨라 파급력이 크다.

SNS의 강점은 상호작용할 때다. SNS는 전통적인 매체인 TV나 신문과는 다르다. 이용자가 메시지를 생산할 수 있기 때문이다. 2008년 당시 미국 민주당 버락 오바마 후보의 SNS사용은 선거에서 승리하는데 큰 영향력을 미쳤다. 유권자와의 소통 도구로 1인 뉴미디어를 잘 활용했던 것이다.

지금 네이버 창에 자신의 이름을 넣어보라. 인물정보가 뜨는가? 네이버

인물정보는 공인, 정치인 등은 간단한 등록절차만으로 등록할 수 있다. 예비후보자라면 필요한 증빙서류를 갖춰 인물정보 검색에 오를 수 있도록 하자. 페이스북 친구추가 기능을 통해 맺은 친구들에게 홍보물을 전파하고 '좋아요'와 '댓글달기' 기능을 통해 상호작용하며 자신의 이미지를 구축한다. 다른 사람의 게시물을 단순하게 공유하거나 나르지 말라. 자신의 이야기가 담겨있어야 한다. 카카오톡을 통해 1:1 소통을 하고 젊은 세대에게는 인스타그램을 통한 타깃 전략을 펼 수 있다. 잘 포스팅 된 사진 한 장이 호응을 불러일으킨다. 글의 내용은 짧게, 인상 깊은 사진 한 장이면 된다. 고 노무현 대통령의 명연설은 지금도 유튜브를 통해 확산되고 있다. 스피치에 능한 후보자라면 유튜브에 좋은 콘텐츠를 내보낼 수 있다. 동영상으로 출마선언을 하고 줌을 활용해서 유권자를 만나고, 민원현장을 생중계하며 고충해결하는 카카오 채널을 운영하는 등 스마트 선거운동에 익숙해 져야 한다. 모바일 환경에서 유권자를 찾아 나서라.

투표일도 SNS 가능

후보자와 선거운동을 할 수 있는 일반시민이면 누구나 페이스북과 트위터, 카카오톡 등 SNS에서 공식 선거운동 기간과 무관하게 상시로 선거운동이 가능하다. 선거운동이 금지된 투표일 당일도 SNS는 선거운동이 가능하다. 투표일에 SNS로 투표 인증샷(엄지손가락, V자 표시 등)을 게시·전송하면서 '○○○ 후보를 찍었다'고 해당 후보자 지지를 호소하는 행위도 가능하다. 다만 기표소나 투표소 내부에서 투표 인증샷을 촬영하거나 투표지를 촬영해 게시·전송하면 안 된다.

그러나 후보자나 지지자가 후보자를 지지·선전하는 내용을 페이스북과 인스타그램 등 SNS에 광고(유료)하는 행위는 금지된다. 후보자(비례대표 후보자는 자신을 추천한 정당)가 할 수 있는 인터넷광고는 선거운동 기간 중 인터넷 언론사 누리집에 하는 것만 허용된다.

홍보 | 미리 미리 준비하라

SNS 활용 기술을 익혀라

| 신수정(광주광역시의원) |

　유튜브 방송으로 가칭 '찾아가는 우리 마을 탐방', '효자손 방송' 등을 기획하여 동네 맛집이나 가볼 만한 명소를 소개하고, 효자손처럼 간지러운 부분을 시원하게 해결해주는 민원 청취 방송 등을 통해 마을의 의제와 정책을 발굴하면 좋겠다. 무엇보다 SNS 선거운동 전략에 있어서 기본적인 스킬이나 역량을 키우는 노력도 중요하다. 어도비 프리미어 프로까진 아니더라도 키네마스터(Kinemaster)를 통한 영상편집기술이나 기본적인 웹자보를 생산하는 망고보드(www.mangoboard.net)를 활용할 수 있는 것도 참조해볼 만 하다.

답글도 성실하게

| 이복남(전남순천시의원) |

SNS를 활용한 선거운동은 지역현장이나 지역민의 생생한 목소리를 담아 주기적으로 업로드하고 의견을 나누는 소통과 공유의 장이 되어야 한다. 특히 자기의 생각이나 주장에 공감하고 응원해 주는 응원꾼이 있어야 활력이 생긴다. 지지자를 통한 공유횟수가 많을수록 좋다. 필요할 경우 응원꾼과 공유자를 조직하기도 한다.

어떤 형태의 SNS라도 댓글이나 의견 에는 답글을 달아야 한다. 이모티콘도 마찬가지다. 피드백을 분명하게 해주어야 한다. 바쁘다는 핑계로 선거사무원이나 지인에게 맡기는 것은 피하는 게 좋다. 부지런하지 않으면 댓글에 답을 달기란 쉽지 않다. 이는 성실함을 보여주는 기본이다. SNS는 새로운 인맥을 쌓거나 기존 인맥과의 관계를 돈독히 해주는 역할을 한다. 온라인 상에서의 인맥을 오프라인으로 연결하여 표로 연결할 수 있기 때문이다. SNS 소통 으로 성실하게 인맥관리를 잘 하는 것이 선거전략의 하나이다.

홍보 | 미리 미리 준비하라

이미지 홍보의 중요성

| 서은숙(부산진구청장)

- 이미지 홍보는 정책(공약) 위에 색채를 입히는 전략
  - 시민의 감성을 터치하라

시민의 정서와 감성을 터치하기 위한 첫 번째 단추는 공감과 소통이다. 권위적이고 관료적인 이미지에서 벗어나되 예측 가능한 상투적인 이미지보다는 자신만이 가지고 있는 독특한 이미지를 강조하는 것이 중요하다. 나는 웃음을 소통의 도구로 삼는다. 웃는 사람에게는 마음을 열기 쉽기 때문이다. 웃음은 대화를 가능하게 하고 대화를 통해 시민이 공감하는 정책으로 이어진다. 『웃는 구청장』이라는 이미지는 다른 후보와의 차별화를 가져왔고 시민의 마음을 얻는 중요한 키워드가 되고 있다.

- 홍보의 핵심은 진정성 그리고 반복을 통한 학습
  - 꾸며낸 것을 귀신같이 알아보는 똑똑한 시민들

시민들은 연출된 이벤트나 기획된 사업이라 해도 진정성이 있는지를 누구보다도 잘 안다. 감동을 강요하는 것이 아니라 자발적으로 감동 받을 수 있도록 접근하는 것, 자랑해야 할 것은 당당하게 자랑하되 나열식 업적소개는 경계하는 것이 필요 하다.

똑같은 정책이라도 어디에 초점을 맞추느냐에 따라 홍보효과는 달라진다. 예를 들면, 연말연시에는 전국적으로 기부하는 개인이나 단체가 많다. 기부자에 대한 홍보와 함께 따뜻한 마음을 가진 사람들이 많은 공동체라는 것을 강조하면
해당 지자체의 브랜드 이미지도 올라가고 시민들의 자부심도 고양된다. 동일한 정책도 홍보의 방향에 따라 정책의 차별화를 기대할 수 있다.

• 지금은 셀프홍보의 시대이자 모든 시민이 미디어인 시대
- 시민이 홍보의 징검다리가 되게 하라

지금은 1인 미디어 시대로 모든 시민이 미디어이다. SNS에 업로드한 정책은 시민들의 댓글을 통해 수정·보완할 수 있고 <공유하기> 기능을 통해 간접적인 홍보와 확산이 가능하다. 특히 직접 SNS를 운영하면 유권자들은 자신이 제안한 정책이나 의견이 실현되는 과정을 지켜볼 수 있기 때문에 만족도도 높다. 여기에 덤으로 정책의 성과나 업적을 시민이 대신 홍보해주는 효과까지 기대할 수 있으므로 적극적으로 SNS를 운영할 것을 권장한다.

시민의 마음을 움직이게 하는 이미지 홍보, 진정성 있는 접근과 반복적인 홍보, 소셜미디어의 직접 운영과 활용으로 유권자에게 한발 더 가까이 다가가기를 바란다.

홍보 | 미리 미리 준비하라

전문일꾼이 되자

| 한향숙(칠곡군의회 의원) |

저를 "여성정치인"이라고 평가하지만 저는 그저 전문일꾼이라 생각하면서 3선에 임하고 있다. 처음 정당생활을 할 때 배웠던 기본은 항상 공부하고 모든 사람에게 친절과 공손함으로 대하는 것이었다. 이 자세가 정당생활 21년, 기초의원 3선이라는 자리를 항상 처음마음으로 있게 했다. 그러나 무엇보다 더 중요한 것은 먼저 나를 쓰일 수 있는 사람으로 선한 영향력을 끼치는 사람으로 만드는 제대로 된 공부를 하는 일이라는 것을 알게 됐다.

20년 전 나는 그저 국회의원이 시키는 일만하기도 급급했던 정당생활을 했다. 시키는 일을 제대로 하는 것이 최선이라는 생각이었다. 그러나 먼저 그 일의 중심인 사람을 먼저 생각하지 못했다. 아니 정확하게 말하자면 나는 너무 아는 것이 없었다. 공부해야겠다는 생각이 들었고 곧 실천하기 시작했다.

2004년부터 전문대 입학을 시작으로 대학원 석사 학위까지 하는 동안 꾸준히 배우는 일에 충실하였다. "공부하면 알게 되고 아는 것만큼 보인다"라는 말처럼 지역구 3선 도전은 진정으로 지역의 디딤돌이 되는 정책으로 사람 중심의 일을 하고 싶었다.

지역구 의원으로 당선 후 부터 지금까지 매일 오전 8시 출근했더니 '성실하고 부지런히 공부하는 의원'으로 공무원들이 홍보를 해 주고 있다.

한국여성의정에서 여성정치인들의 역량을 키우기 위해 지원하는 중앙대학교 대학원 의회학과에서 석사 공부를 하는 동안 매주 토요일 오전 6시 30분에 칠곡 왜관을 출발해 새벽 1시에 귀가하는 강행군이었다. 어렵고 힘들었지만 여러 번 공부하길 잘 했다는 뿌듯함과 사람 공부가 이렇게 감동으로 눈물이 날 정도로 소중하다는 것을 알았다.

제 졸업 논문을 읽은 한 주민은 "60평생을 칠곡군에 살아도 알지 못한 부분을 제 논문으로 알게 되었다"며 안경을 끼고 밤새 읽었다는 말씀은 저에게 큰 울림을 주는 감동이었다.

앞으로 많은 여성들이 공부할 수 있도록 용기를 주고 싶다. "선거에 있어서 전략보다 우선되어야 하는 점은 모든 일에 진실되게 정성을 다하는 것이다. 그리고 그 진실성보다 더 최우선은 전문적인 교육을 통해 더할 나위 없이 제대로 된 전문 일꾼이 되는 것"이라고 말하고 싶다.

오늘도 아침 8시, 의회 출입문을 제일 먼저 열면서, 매일 공부하는 사람으로 선한 영향력을 제대로 끼치는 사람이 되겠다는 각오를 다짐한다.

부록

부록 1. 선거 시기별 공직선거법 주요 제한·금지사항

부록 2. 말로 하는 선거운동 관련 공직선거법 운용기준

부록 3. 자원봉사자 운영 매뉴얼

부록 4. 제8회 전국동시지방선거 주요일정

부록 1.

선거 시기별 공직선거법 주요 제한·금지사항

1. 상시 제한(언제든지)

기부행위의 제한
- 야유회·관광·체육대회·등산대회 등의 행사에서 금품 등 제공 금지(법 §112)
- 축·부의금품등의 제한(법 §112)
- 결혼식에서의 주례행위 금지(법 §113)

공적지위 관련
- 공무원등 정치적 중립을 지켜야 하는 자의 선거에 대한 부당한 영향력의 행사 기타 선거결과에 영향을 미치는 행위 금지(법 §9)
- 공무원등 정치적 중립을 지켜야 하는 자의 직무와 관련한 또는 지위를 이용한 선거에 부당한 영향력 행사 등 선거에 영향을 미치는 행위 금지(법 §85①)
- 공무원등의 선거관여·지위 또는 직업적 관계 등을 이용한 선거운동 금지(법 §85②~④)
- 공무원등의 선거에 영향을 미치는 행위 금지(법 §86①1·2·3)

단체활동 관련
- 선거운동이 금지된 기관·단체(그 대표자와 임직원 또는 구성원 포함)가 그 명의 또는 그 대표의 명의로 선거운동 금지(법 §87①)
- 선거운동 위한 사조직 설립·설치 금지(법 §87②)
- 후보자를 위한 유사기관의 설치 금지(법 §89①)

언론활동 관련
- 신문·잡지 등의 통상방법 외의 배부 등 금지(법 §95)
- 허위논평·보도 등 금지(법 §96)

기타 상시제한행위
- 선거운동을 위한 확성장치 및 자동차의 사용제한(법 §91)
- 선거운동을 위한 호별방문 금지(법 §106①)
- 선거운동을 위해 서명·날인 받는 행위 금지(법 §107)
- 선거에 관한 여론조사 신고(법 §108)
- 특정 지역·사람 및 성별 비하·모욕 행위 금지(법 §110)
- 매수 및 이해유도행위 금지(법 §230)
- 선거사무관계자나 시설 등에 대한 폭행·교란 행위 금지(법 §244)
- 허위사실 공표 금지(법 §250)
- 후보자 등에 대한 비방 금지(법 §251)
- 사전선거운동 금지(법 §254②)

2. 특정 시기 제한

선거일 전 180일부터 선거일까지(2021. 12. 3. ~ 2022. 6. 1.)
- 정당·후보자가 설립·운영하는 기관 등의 선전행위 금지(법 §89②)
- 선거에 영향을 미치는 각종 시설물설치 등 금지(법 §90)
- 탈법방법에 의한 문서·도화의 배부·게시 등 금지(법 §93①)

선거일 전 120일부터 선거일까지(2022. 2. 1.~ 2022. 6. 1.)

○ 창당·합당·개편·후보자선출대회의 개최장소와 고지의 제한(법 §140)

선거일 전 90일부터 선거일까지(2022. 3. 3.~ 2022. 6. 1.)

○ 정당·후보자의 명의를 나타내는 저술·연예·연극·영화·사진 기타 물품 광고 금지 및 후보자의 광고출연 금지(법 §93②)
○ 후보자와 관련 있는 저서의 출판기념회 개최 제한(법 §103⑤)
○ 국회의원·지방의원의 의정활동보고 제한(법 §111)
○ 정강·정책의 신문 광고 등 제한(법 §137)
○ 후보자의 방송출연 금지(「선거방송심의에 관한 특별규정」§21)

선거일 전 60일부터 선거일까지(2022. 4. 2.~ 2022. 6. 1.)

○ 지방자치단체장의 선거에 영향을 미치는 행위 금지(법 §86②)
○ 투표용지와 유사한 모형 또는 정당·후보자 명의로 선거에 관한 여론조사 금지(법 §108②)

선거일 전 30일부터 선거일까지(2022. 5. 2.~ 2022. 6. 1.)

○ 당원집회·당원교육 등 금지(법 §141)

선거기간 중(2022. 5. 19.~ 2022. 6. 1.)

○ 공무원 등의 선거에 영향을 미치는 행위 금지(법 §86①5·6·7)
○ 저술·연예·영화 등을 이용한 선거운동 금지(법 §92)
○ 구내방송 등에 의한 선거운동금지(법 §99)
○ 녹음기·녹화기 등의 사용금지(법 §100)
○ 타연설회 등의 금지(법 §101)

- ㅇ 야간연설 등(방송시설을 이용하는 경우 제외)의 제한(법 §102)
- ㅇ 각종 집회 등의 제한 및 반상회 개최 제한(법 §103②③④)
- ㅇ 입당권유, 공개장소 연설·대담 통지를 위한 호별방문 제한(법 §106①③)
- ㅇ 정강·정책홍보물과 정당기관지의 발행·배부 제한(법 §138·§139)
- ㅇ 당원모집 및 입당원서 배부 제한(법 §144①)
- ㅇ 당사게시 선전물등의 제한(법 §145①)

선거일 전 6일부터 선거일의 투표마감시각까지(2022. 5. 26. ~ 2022. 6. 1. 18:00)
- ㅇ 선거에 관하여 정당에 대한 지지도나 당선인을 예상하게 하는 여론조사의 경위와 그 결과의 공표·인용보도 금지(법 §108①)

선거일(2022. 6. 1.)
- ㅇ 투표마감시각 전까지 법에 규정된 방법을 제외하고 선거운동 금지(법 §254①)
- ㅇ 투표마감시각 종료 이전에 선거인에 대하여 투표하고자 하는 정당이나 후보자 또는 투표한 정당이나 후보자의 표시요구 금지 (법 §167②·§241①)

3. 선거일 후 제한

선거일 후 답례금지(법 §118)
- ㅇ 금품 또는 향응을 제공하는 행위
- ㅇ 방송·신문 또는 잡지 기타 간행물에 광고하는 행위
- ㅇ 자동차에 의한 행렬을 하거나 다수인이 무리를 지어 거리를 행진하거나 거리에서 연달아 소리 지르는 행위
- ※ 법 §79③에 의한 자동차를 이용하여 당선 또는 낙선에 대한 거리인사를 하는 것은

가능
ㅇ 일반 선거구민을 모이게 하여 당선축하회 또는 낙선에 대한 위로회를 개최하는 행위
ㅇ 현수막을 게시하는 행위
※ 선거일의 다음 날부터 13일 동안(2022. 6. 2.~2022. 6. 14.) 읍·면·동마다 1매의 현수막을 게시하는 것은 가능

자세한 사항은 관할 시·군·구 선거관리위원회에 문의

부록 2.

말로 하는 선거운동 관련 공직선거법 운용기준

1. 말로 하는 선거운동 허용범위

선거운동을 할 수 있는 사람은 선거일이 아닌 때에 「공직선거법」(이하 '법'이라 함) 제59조 제4호에 따라 옥내·외에서 개별적으로 말로 하는 선거운동을 할 수 있음.
다만, 확성장치를 사용하거나 옥외집회에서 다중을 대상으로 말로 하는 선거운동을 할 수 없으며, 선거운동의 주체, 기간, 방법 등에 대한 다른 제한·금지 규정에 위반되어서는 아니 됨.

[사례예시]
〈할 수 있는 행위〉
ㅇ 선거운동을 할 수 있는 사람은 선거일이 아닌 때에 각종 행사장에서 참석자들과 일일이 악수·인사를 하면서 말로 선거운동을 할 수 있음.
ㅇ 선거운동을 할 수 있는 사람은 선거일이 아닌 때에 도로변·광장·공터·주민회관·시장·점포 등 다수인이 왕래하는 공개장소를 방문하여 개별적으로 말로 선거운동을 할 수 있음. 다만, 선거운동을 위한 집회 개최에 이르러서는 아니 됨.
〈할 수 없는 행위〉
ㅇ 누구든지 선거공약이 게재된 인쇄물을 배부하면서 말로 선거운동을 할 수 없음.
ㅇ 누구든지 옥외에서 개최되는 각종 집회에 참석하여 다수의 참석자들을 대상으로 말로 하는 선거운동을 할 수 없음. 다만, 법 제79조에 따른 경우는 가능함.

2. 옥내집회에서 말로 하는 선거운동

선거운동을 할 수 있는 사람은 선거일이 아닌 때에 법상 제한·금지되지 아니하는 옥내집회에서 다중을 대상으로 법 제59조 제4호에 따라 말(연설 형태 포함)로 하는 선거운동을 할 수 있음.

[사례예시]
o 선거운동을 할 수 있는 사람은 선거일이 아닌 때에 단체의 정기총회 만찬 모임에서 자리에서 일어나 이목을 집중시킨 후 연설의 형태로 건배사를 하면서 말로 하는 선거운동을 할 수 있음.
o 누구든지 선거운동을 목적으로 집회를 개최하여 다중을 대상으로 말로 하는 선거운동을 할 수 없음.

3. 말로 하는 선거운동 금지장소

누구든지 선거운동기간 전에 선박·정기여객자동차·열차·전동차·항공기의 안 등 법 제60조의3 제1항 제2호 단서에 규정된 예비후보자의 지지호소가 금지되는 장소에서 법 제59조 제4호에 따라 말로 하는 선거운동을 할 수 없음.

[사례예시]
o 누구든지 선거운동기간 전에 지하철 안에서 말로 하는 선거운동을 할 수 없음.
o 예비후보자는 지하철 안에서 자신의 선거운동용 명함을 주거나 선거운동을 할 수 없음.

4. 말·전화 이용 의정활동 보고·홍보 기간 확대

국회의원·지방의회의원 또는 선거운동을 할 수 있는 사람은 선거일이 아닌 때에 법 제59조 제4호에 따라 말 또는 송·수화자 간 직접 통화방식의 전화를 이용하여 선거운동을 하면서 의정활동을 보고 또는 홍보할 수 있음.

[사례예시]
- ㅇ 국회의원은 선거일이 아닌 때에 법 제59조 제4호에 따라 말로 의정활동을 보고할 수 있음.
- ㅇ 국회의원은 선거일 전 90일 후에 의정보고회를 개최하여 의정활동을 보고할 수 없음.

5. 당내경선운동 허용범위 확대

비당원 참여 당내경선에서 선거운동을 할 수 있는 사람은 법 제59조 제4호에 따라 말 또는 송·수화자 간 직접 통화방식의 전화를 이용하여 경선운동을 할 수 있음.
다만, 경선후보자는 예비후보자라 하더라도 법 제60조의3 제1항 제4호·제5호의 방법으로 경선운동을 할 수 없음.

[사례예시]
- ㅇ 선거운동을 할 수 있는 사람은 경선선거인에게 법 제59조 제4호에 따라 말로 하는 방법의 경선운동을 할 수 있음.
- ㅇ 예비후보자인 경선후보자는 예비후보자의 선거운동 방법인 어깨띠를 착용하고 경선운동을 할 수 없음.

6. 말로 하는 선거운동 관련 제한·금지 대표 사례

• 지위를 이용하는 행위

공무원 등 법령에 따라 정치적 중립을 지켜야 하는 사람이 직무와 관련하여 또는 지위를 이용하여 하거나, 누구든지 교육적·종교적 또는 직업적인 기관·단체 등의 조직 내에서의 직무상 행위를 이용하여 법 제59조 제4호에 따라 말로 하는 선거운동을 하는 경우에는 법 제85조에 위반됨.

[사례예시]
o 지방자치단체가 개최하는 행사에 입후보예정자(예비후보자·후보자 등록을 하지 아니하였으나 입후보 의사를 가진 사람을 말함. 이하 같음)를 초청하여 지지호소하는 발언을 하게 할 수 없음.
o 선거에서의 중립의무가 있는 전국시·도지사협의회가 선거가 임박한 시기에 특정 입후보예정자가 포함된 전직 시·도지사들을 초청하여 시·도 운영에 관한 경험공유 및 친목강화를 위한 간담회를 개최할 수 없음.
o 종교집회를 진행하는 사람은 집회시간에 특정 후보자를 지지하는 내용의 설교를 할 수 없음.
o 조합장은 조합직원 회의에 예비후보자를 오게 하여 선거운동을 하게 하거나 조합장이 예비후보자의 업적을 소개할 수 없음.

• 선거운동을 위한 집회 개최

누구든지 법 제81조의 단체의 후보자등 초청 대담·토론회 등 이 법의 규정에 따른 경우를 제외하고 선거운동을 위한 모임·집회(옥내·외 불문)를 개최하여 법 제59조 제4호에 따라 말로 하는 선거운동을 하는 경우에는 행위 시기 및 양태에 따라 법 제101조, 제103조, 제254조에 위반됨.

[사례예시]
ㅇ 선거운동을 할 수 있는 사람은 선거일이 아닌 때에 선거와 무관하게 개최된 옥내집회에서 말로 하는 선거운동을 할 수 있음.
ㅇ 입후보예정자가 선거운동 목적의 집회를 개최하여 말로 하는 선거운동을 할 수 없음.

• 말로 하는 선거운동 대가 제공 행위

누구든지 이 법의 규정에 의하여 수당·실비 기타 이익을 제공하는 경우를 제외하고 수당·실비 기타 자원봉사에 대한 보상 등 명목여하를 불문하고 법 제59조 제4호에 따라 말로 하는 선거운동과 관련하여 금품 기타 이익의 제공 또는 그 제공의 의사를 표시하거나 그 제공의 약속·지시·권유·알선·요구 또는 수령하는 경우에는 법 제135조에 위반됨.

[사례예시]
ㅇ 입후보예정자가 선거운동을 할 수 있는 사람에게 말로 선거운동을 하게하고 그 대가를 제공할 수 없음.

자세한 것은 관할 시군구 선관위에 문의

부록 3.

자원봉사자 운영 매뉴얼

1. 자원봉사자의 의미

자원봉사자는 자신이 지지하는 정당이나 후보자를 위해 대가없이 자발적으로 선거운동을 하는 사람을 말한다. 특히 재력이 부족한 여성후보에게 자원봉사자는 금권선거를 막고 시민의 자발적 참여를 유도해 깨끗한 정치를 만드는 출발점이 된다. 자원봉사자는 참여하는 선거구 내에 거주하지 않아도 무방히며, 선거관리위원회에 별도의 신원을 등록하지 않는다. 선거법상 자원봉사자에게는 명목을 불문하고 금품 제공이 불가능하고, 교통비와 식대 등도 보상되지 않는다.

2. 자원봉사자의 기본 활동

(1) 선거사무소 업무지원
- 전화 홍보
- 컴퓨터를 이용한 인터넷, SNS, e-mail 홍보, 문자전송 업무
- 연고자 추천 및 DB 확보
- 선거사무소 정리
- 방문객이나 선거운동원 음료수 및 간식 접대

(2) 유권자 접촉 및 유세 지원

○ 거리 유세 지원 및 공개장소 등에서 지지 호소
  - 거리, 골목, 시장, 지하철역 등 공개장소에서 어깨띠를 착용한 선거운동원 1인과 자원봉사자 2인이 함께 구전홍보와 선전을 펼친다.
  - 유세 현장에서 수적 우위를 통해 분위기를 주도하여 상대 후보측 운동원들을 위축시키면서 기선을 제압한다.
○ 선거구내의 각종 모임 및 단체 행사를 파악, 후보자와 연결
○ 모임 장소에 후보자보다 먼저 도착하여 장내 분위기 조성
○ 연설·대담 전후 장내 정리
○ 후보자의 동선을 따라 수행 및 유세지원

(3) 후보자 홍보 및 상대후보 감시 활동

○ 후보자에 대한 여론 조성, 구전 홍보
○ 후보자 관련 기사, 후보자 관심분야 등의 자료 수집과 정리
○ 상대후보에 대한 여론 수집, 불법선거운동 감시

(4) 기타

○ 선거사무소 운영과 선거운동원을 위한 다양한 지원 활동
○ 법률자문

3. 홍보 방법별 세부 지침

(1) 전화 홍보

o 전화 홍보의 기본 사항
 - 전화홍보는 선거운동에서 가장 중요한 분야로, 법정허용시간은 '오전 6시~오후 11시'이다.
 - 개인의 휴대전화를 사용할 수 있다.
 - 전화홍보는 선거사무소에 이미 설치된 일반 전화와 구분된 별도의 임시전화를 사용한다.

o 연고자 전화번호 DB 확보
 - 자원봉사자 자신의 인맥을 이용해 지지망을 구축한다. (예를 들어 휴대폰에 저장된 사람 중에서 가까운 가족·친지부터 살펴 선거구 내 거주자 명단 및 전화번호를 작성하고, 그들과 다시 연결되는 인맥을 찾아 명부를 확보한다.)
 - 자원봉사자가 속한 단체나 각종 모임의 회원명부를 확보한다.
 - 당원으로부터 시작하여 당원의 지인 등으로 넓혀나간다.
 - 자원봉사자는 먼저 전화홍보 대상 50명의 명단을 작성하고, 그 명단으로부터 100명의 명단을 확보해 나가는 방식이 효과적이다.

※ 자원봉사자 책임자는 자원봉사자에게 손 안에 들어오는 작은 수첩을 나눠주고, 접촉한 사람의 이름, 전화, 주요내용 등을 기재하여 제출토록 한다. 자원봉사자 책임자가 이를 정리해, 선거사무소 사무장이나 전화홍보팀에 전달한다.

o 전화 홍보를 위한 사전 준비
 - 자원봉사자는 후보자의 주요경력, 공약 등을 숙지하고 비치된 참고 자료를

활용한다.
- 자원봉사자는 전화명부를 보고 응답자의 인적 사항(출신지, 성별, 사는 곳, 연령)을 확인한 후 이에 대응할 적절한 전화 내용을 준비한다.
- 자원봉사자는 충분한 훈련과정(실전연습)을 통해 순발력과 상황 대처 능력을 갖춰야 한다.

○ 홍보전화 시의 대응 요령
- 자원봉사자는 차분하고 정중하게 상대방에게 최대한 예의를 갖추고 후보자의 약력, 공약 등을 안내하고 지지를 부탁한다.
- 자원봉사자는 정책과 공약사항 등 답하기 곤란한 문제는 무리하게 답하지 말고 추후 정책담당자가 다시 전화드릴 것이라고 한 후 상대방의 인적사항을 메모한다.

<전화 예문>
"○○○ 후보 사무실 자원봉사자입니다. 저희 후보를 도와주시는 ○○○씨로부터 ○○○선생님에 대한 말씀을 잘 들었습니다.
(후보가 일정상 바빠서) 후보자를 대신하여 우선 제가 먼저 연락드렸습니다.
(지적해 주신 내용은) 후보님에게 꼭 전해드리겠습니다.
계속 성원해주시고, ○○○선생님 주변 분들께도 우리 후보를 많이 홍보해주십시오.
혹시 주변에 후보가 전화 드려야 할 분이 계시다면 알려주세요.
○○○선생님만 믿습니다. 감사합니다."

○ 상대방의 반응에 대한 대응
- 우호적인 응답자
투표 참가를 독려하고 가족 및 주위 사람들에게 지지를 부탁한다. 다른 전화 홍보 대상을 소개해줄 것을 부탁해도 좋다.

- 부동층 및 일반 유권자

가장 공들여서 홍보해야 할 대상이다. 반드시 다음번 통화에 대한 약속을 받아내도록 한다. 다음번 통화하기 좋은 날짜, 시간 등을 물어보아 상대에게 기억되도록 한다.

- 현저하게 비우호적인 응답자
· 상대방의 반응이 부정적일수록 더 침착하고 더 온화한 태도를 취한다. 상대방의 말을 조용히 경청한 후 공손히 전화를 끊는다.
· 안 좋은 소문이 나지 않도록 친절하게 대응하는 것이 최선이다. 중복해서 문자를 보내지 않도록 기록해 둔다.

<항의성 반응에 대한 대응 요령 예시>
예시 1) "내 연락처를 어떻게 알았냐?"는 등의 항의
- 공개된 전화번호부를 보고 연락한 것임을 강조하여 불쾌감을 누그러뜨리고 당원이나 지지자의 소개를 받고 전화한 경우, 누구누구의 소개로 전화를 건 것임을 설명해 오해가 없도록 한다.
예시 2) "이런 전화는 불법이 아니냐?"는 등의 항의
- 선거법이 허용한 합법적인 선거운동임을 강조한다.
- 선거운동 기간의 지지호소는 불법이 아님을 알려준다.

○ 통화 이후 결과 공유

전화홍보 결과분석표에 응답자의 반응(적극적 지지, 소극적 지지, 지지 유보, 의사 표명 안 함, 반대, 통화 불능 등)을 표시해 책임자에게 전달한다.

<표1. 전화 통화 결과보고 양식>

이름	적극지지	지지	유보	표명안함	반대	통화불능	비고

(2) 문자전송

○ 컴퓨터 시스템을 이용한 대량 문자발송은 후보 사무실에서 선관위에 신고한 후에 가능하다.
○ 자원봉사자는 자신의 휴대폰을 이용하거나 문자발송 시스템을 이용해서 20개씩 나누어서 발송하는 것은 신고 없이도 가능하다.

(3) 인터넷 선거운동

온라인이 활성화되어 있는 요즘은 인터넷을 적극적으로 활용하는 것이 매우 중요하다. 특히 젊은 층들을 공략하기 위해서는 그들이 자주 이용하는 온라인 매체를 활용하는 것은 더욱 중요해졌다.

○ 인터넷 사이트 후보자 홍보
 - 자원봉사자는 후보자 정당의 홈페이지, 포털사이트나 언론사가 운영하는 인터넷 홈페이지 등에 후보를 소개하고 후보의 정책을 홍보할 수 있다.
 (다만, 선거운동기간 전에 특정 정당이나 후보자를 직접적으로 지지·추천하거나 반대하는 내용을 게재할 경우 사전선거운동에 해당될 수 있으므로 유의해야 한다.)
 - 자원봉사자들은 오프라인의 구전홍보와 병행해 유튜브나 페이스 북, 인스타그램등 SNS, 온라인 구전 홍보를 상시적으로 활용해야 한다.

> <인터넷에서 허용된 선거운동>
> 선거에 관한 단순한 의견 개진 및 의사 표시, 누구든지 선거에 관한 단순한 의견이나 정당의 후보자 추천에 관한 단순한 지지. 반대의견을 인터넷 사이트에 개진하는 행위는 자유롭게 보장되어 있다.
> ("이번에는 OOO이 당선되면 좋겠다.", "OOO은 어려울 것같다.", "우리당 후보 OOO이 될 것 같다." 등의 의견 개진)

○ 허위 비방글, 불법 게시물 감시

　인터넷상의 허위 비방 글은 이성적으로 반박하고, 불법 게시물에 대해서는 즉시 지역 선관위 사이버부정선거 감시단에 신고하도록 한다.

○ 지역 커뮤니티의 활용

- 온라인상의 지역 관련 커뮤니티들을 찾아가 선거운동 공간으로 활용할 수 있다. 선거운동에 유익한 DB를 확보하고, 정기모임 일정 등을 확인해 참여하거나 선거캠프에 정보를 제공한다.
- 단체가 낙천 혹은 낙선 대상자를 결정하고 이를 인터넷 홈페이지에 게시하거나 통상적으로 행해오던 고지, 안내 방법에 따라 소속 회원들에게 알리는 것은 위법이 아니다. 더불어 제3지(일반 네티즌)가 자신의 인터넷 홈페이지(페이스북, 인스타그램, 카카오톡, 밴드, 카페 등)에 이 낙천 혹은 낙선 대상자 명단을 게시하는 것도 허용된다.
- 단체가 후보자의 경력과 정책에 대한 객관적인 사실을 공정한 기준에 의해 비교, 분석하여 인터넷 홈페이지에 게시하는 것도 가능하다. 또한 이 내용을 개인 홈페이지, 개인 미디어, 인터넷 커뮤니티 등에 공개하는 것도 허용된다.

(4) e-mail을 이용한 선거운동

○ 선거 기간 전이라도 평소에 친교나 지면이 있는 이들과 개별적으로 전자우편을 주고받을 때 정당·후보자 등에 대한 단순한 의견 개진이나 의사를 전달할 수 있다.

○ 또한 e-mail 주소록을 선거 캠프에 제공함으로써 캠프에서 전자우편을 발송할 때 'OOO님이 OOO님을 추천해 주셨습니다.'라고 하면 수신거부율을 최소화할 수 있을 것이다.

○ 선거운동 기간 중 자원봉사자들은 자유롭게 후보자 홍보 및 선거운동을 위해 선거구민에게 문자·음성·화상·동영상 등의 다양한 정보를 전송할 수 있게 되어 있으므로 자원봉사자들의 적극적인 활약이 중요하다.

<전자우편 이용 시 유의 사항>
- 메일 제목에 반드시 '선거운동정보'라고 표시해야 한다.
- 수신 거부 의사를 쉽게 할 수 있도록 해야 한다.
- 수신 거부자에게 메일을 재전송하는 것은 불법 선거운동이다.

4. 자원봉사자의 체계적 관리

자원봉사자는 기본적으로 후보에 대한 열렬한 팬이 되지 않으면 그 누구도 설득할 수 없다. 쉽지만은 않은 선거운동 속에 많은 어려움을 극복하며 자원봉사자의 역량을 배가시키기 위해서는 자원봉사자 관리 책임자의 역할이 중요하다.

자원봉사자들이 쉽게 일을 할 수 있도록 지방자치에 대한 이해, 왜 여성 후보여야 하는가? 등의 교육이 이루어져야 하며, 후보에 대해서 정확한 정보를 알 수 있도록 자료를 제공해야 한다. 또한 선거 운동을 위한 실무 현장 교육과 훈련, 경험있는 자원봉사자들의 사례를 공유해 시행착오를 줄여야 한다. 무엇보다 중요한 것은 후보자가 자원봉사자들에게 감사하는 마음을 늘 갖고 자원봉사자들이 자긍심으로 즐겁게 봉사할 수 있도록 분위기를 만들어야한다. 관리책임자 또한 봉사자들의 활동보고를 체계적으로 관리하고 이들이 수집한 정보와 여론을 귀담아 들어야 한다. 봉사자들이 의미있는 일에 함께 하고 있고 존중받고 있다는 느낌이 들도록 하여야 한다.

부록 4.

2022. 6. 1(수) 실시
제8회 전국동시지방선거 주요일정

시행일정	요일	실시사항	기준일	관계법조
1. 3 까지	월	인구수 등의 통보	인구의 기준일 (예비후보자등록신청개시일이 속하는 달의 전전달 말일)후 15일까지	법§4, §60의2①, 규§2①②
1. 22 까지	토	선거비용제한액 공고·통지 예비후보자홍보물 발송수량 공고	예비후보자등록개시일전 10일까지	규§51①②, 규§26의2③
2. 1 부터	화	예비후보자등록 신청 [시·도지사 및 교육감선거]	선거일 전 120일부터	법§60의2①
2. 18 부터	금	예비후보자등록 신청 [시·도의원, 구·시의원 및 장의 선거]	선거기간개시일 전 90일부터	법§60의2①
3. 3 까지	목	각급선관위 위원, 예비군 중대장 이상의 간부, 주민자치위원, 통·리·반의 장이 선거사무관계자 등이 되고자 하는 때 그 직의 사직	선거일전 90일까지	법§60②
		입후보제한을 받는 자의 사직	선거일전 90일까지 [비례대표지방의원선거에 입후보하는 경우 선거일전 30일 : 5.14(월)]	법§53①②
3. 3 부터 6. 1 까지	목 수	의정활동 보고 금지	선거일전 90일부터 선거일까지	법§111
3.20 부터	일	예비후보자등록 신청 [군의원 및 장의 선거]	선거기간개시일 전 60일부터	법§60의2①
4. 2 부터 6. 1 까지	토 수	지방자치단체장의 선거에 영향을 미치는 행위 금지	선거일전 60일부터 선거일까지	법§86②

일자	요일	내용	기한	근거
5. 10 부터	화 토	선거인명부 작성	선거일전 22일부터 5일이내	법§37, 규§10
		거소투자 신고 및 거소투표자신고인명부 작성		법§38, 규§11
		군인 등 선거공보 발송신청		법§65⑤
5. 12 부터	목 금	후보자등록 신청 (매일 오전9시 ~ 오후6시)	선거일전 20일부터 2일간	법§49, 규§20
5. 18 까지	수	선거벽보 제출	후보자등록마감일 후 5일까지	법§64②, 규§29④
5. 19	목	선거기간개시일	후보자등록마감일 후 6일	법§33③
5. 20 까지	금	선거공보 제출	후보자등록마감일 후 7일까지	법§65⑥ 규§30⑤
		선거벽보 첩부	제출마감일 후 2일까지	법§64② 규칙§29②⑤
5. 20 에	금	선거인명부 확정	선거일전 12일에	법§44①
5. 22 까지	일	투표소의 명칭과 소재지 공고	선거일전 10일까지	법§147⑧
		거소투표용지 발송 (선거공보, 안내문 동봉)	선거일전 10일까지	법§65⑥, 154①⑤, 규§77
		투표안내문(선거공보 동봉) 발송	선거인명부확정일 후 2일까지	법§65⑥, 153①, 규§76
5.25 까지		사전투표 참관인 선정·신고	선거일전 7일까지	법§162②, 규§3③
5. 27 부터 5. 28 까지	금 토	사전 투표 (매일 오전 6시 ~ 오후 6시)	선거일전 5일부터 2일간	법§155②, §158
5.30 까지		투·개표참관인 선정·신고	선거일전 2일까지	법§161② 법§181②③
6. 1	수	투표 (오전 6시 ~ 오후 6시)	선거일	법 제10장
		개표 (투표종료후 즉시)		법 제11장
6. 13 까지	월	선거비용 보전청구	선거일후 10일까지(기간의 말일이 토요일 또는 공휴일인 때에는 그 익일)	법§122의2①, 민법§161 규§51의3①
7. 31 이내	일	선거비용 보전	선거일후 60일이내	법§122의2① 규§51의3②

※ 제8회 전국동시지방선거 주요 일정은 2020년 12월 당시 지난 선거 일정을 바탕으로 역산한 것이므로, 추후 중앙선거관리위원회를 통해 확인하시기 바랍니다.

여성의정 정치학교 Ⅱ
출발 ! 함께 합시다

발행일	초 판 1쇄 발행	2017. 12. 31.
	개정판 1쇄 인쇄	2020. 12. 31.
	개정판 1쇄 발행	2021. 1. 10.
발행인	상임대표 신 명	
편집인	사무총장 김혜성	
발행처	사단법인 한국여성의정	
출판사	여성의정	
주 소	서울특별시 영등포구 의사당대로1 국회의원회관 942호	
전 화	02-786-5050(남녀동수)/ 02-784-0531(국회개원일)	
F A X	02-784-0717	
홈페이지	http://www.kwpn.co.kr	
인쇄제작	태은	

이 책은 저작권법에 따라 보호받는 저작물이므로 무단전재와 복제를 금지하며, 이 책 내용의 전부 또는 일부를 이용하려면 반드시 한국여성의정의 서면 동의를 받아야 합니다.
이 책의 수익금은 여성정치인 지원을 위해 쓰여집니다.